일본 난학의
개척자
스기타 겐파쿠

일본 난학의
개척자
스기타 겐파쿠 _ 삼성언론재단 총서

초판 1쇄 발행 2013년 10월 25일
초판 2쇄 발행 2013년 12월 1일

지은이 이종각
펴낸이 이영선
펴낸곳 서해문집

이 사 강영선
주 간 김선정
편집장 김문정
편 집 허 승 임경훈 김종훈 김경란 정지원
디자인 오성희 당승근 안희정
마케팅 김일신 이호석 이주리
관 리 박정래 손미경

출판등록 1989년 3월 16일 (제406-2005-000047호)
주 소 경기도 파주시 문발동 파주출판도시 498-7
전 화 (031)955-7470 | **팩스** (031)955-7469
홈페이지 www.booksea.co.kr | **이메일** shmj21@hanmail.net

ISBN 978-89-7483-623-8 03910

이 도서의 국립중앙도서관 출판시도서목록(CIP)은 e0-CIP 홈페이지
(http://www.nl.go.kr/cip.php)에서 이용하실 수 있습니다.(CIP제어번호:2013019846)

삼성언론재단 총서는 삼성언론재단 '언론인 저술지원 사업'의 하나로 출간되는 책 시리즈입니다.

일본 난학의 개척자 스기타 겐파쿠 杉田玄白

일본 최초로 서양 책 번역에 도전
인체 해부서 《해체신서》를 펴내
일본의 근대를 열다

이종각 지음

계기
—
결의
—
전진
—
출간
—
융성
—
대조

서해문집

스기타 겐파쿠杉田玄白**(1733∼1817)**

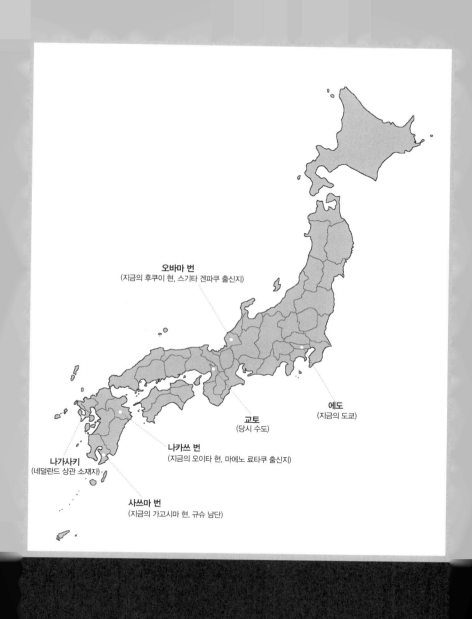

오바마 번
(지금의 후쿠이 현, 스기타 겐파쿠 출신지)

에도
(지금의 도쿄)

교토
(당시 수도)

나카쓰 번
(지금의 오이타 현, 마에노 료타쿠 출신지)

나가사키
(네덜란드 상관 소재지)

사쓰마 번
(지금의 가고시마 현, 규슈 남단)

차례

- 서양 인체 해부서 《TAFEL ANATOMIA》를 일본에선 《타헤루 아나토미아ターヘル アナトミーア》, 《타히루 아나토미아ターヒル アナトミーア》 등으로 표기하고 있으나 이 책에 선 우리말 외래어 표기법에 맞춰 《타펠 아나토미아》로 한다.
- 일본에선 에도시대 이래 지금까지 네덜란드의 국명을 네덜란드보다 '오란다'라는 명칭으로 사용하고 있다. 이 책에선 원전을 인용할 때를 제외하고는 네덜란드로 표기한다.
- 쇼군, 다이묘 등 일본어 발음으로 널리 알려진 용어는 그대로 사용하고 그렇지 않은 경우 우리말 한자 발음으로 표기한다.
- 등장인물의 나이는 만 나이가 아닌 태어난 해를 한 살로 계산한 에도시대의 방식과 자료에 따라 표기한다.

에도 형장에서

도쿄 우에노上野 역에서 전철로 10분도 채 걸리지 않는 미나미센주南
千住 역 앞 횡단보도를 건너면 바로 에코인回向院이란 조그만 절이 나
온다.

절터는 도쿠가와德川 막부 시대(1603~1868), 에도江戶(지금의 도쿄)의
2대 형장 중 하나인 고쓰가하라骨ヶ原 형장이 있던 곳이다. 1651년 형
장이 개설된 이래 메이지明治유신(1868) 직후 폐지될 때까지 210여 년
간, 무려 20만 명 이상이 처형됐다. 한 해 1000명가량이 형장의 이슬
로 사라진 셈이다. 참수, 화형, 능지처참, 효수 등 갖가지 형이 집행됐
다. 사체는 흙으로 대충 덮어 형장에 방치해 들개들이 무리지어 사육死
肉을 뜯어 먹어 악취가 진동했다고 기록은 전한다.

이 형장에선 일반 죄인 이외에 국사범들도 처형됐는데 메이지유신
을 주도한 하급무사들을 가르친 막부 시대 말기의 저명한 사상가로 일

본인들이 높게 평가하는 요시다 쇼인吉田松陰도 그중 하나다. 그는 당시 국법으로 금지한 밀항을 기도했다는 죄목으로 1859년 처형당했다. 처형 직후 이토 히로부미伊藤博文를 비롯한 제자들이 시신을 수습해 묻은 묘가 현재 절 안에 남아 있다.

형장을 개설할 때 처형당한 사람들의 넋을 달래기 위해 에코인 절이 세워졌고, 그 후 형장 터를 가로질러 철도를 부설하면서 엔메이지延命寺란 절도 세웠다. 엔메이지 마당엔 당시 처형된 사형수가 저세상에서라도 연명하길 바라는 뜻으로 세운 약 4미터 높이의 지장보살 불상이 남아 있다. 사람 목을 치는 형장에 있던 불상이기 때문인가, '구비키리 지죠首切り地蔵(참수 지장보살)'란 섬뜩한 이름이 붙어 있다.

세계를 놀라게 한 동일본대지진(2011. 3. 11.)때 불상은 왼쪽 팔이 떨어져 나가는 피해를 입었다. 그해 말, 이 절을 찾았을 때 불상은 복원을 위해 머리, 몸통 등이 해체된 상태로 마당에 어지러이 널브러져 있었다. 수십만 명의 생명을 앗아간 옛 형장이었기 때문일까. 짧은 겨울 해가 지고 어둠이 내리자 옛 형장은 기괴한 분위기를 자아내 절 마당을 혼자 서성이던 나그네를 심란케 했다. 절에서 빨리 벗어나기 위해 발걸음을 역 쪽으로 재촉했다.

역 주변엔 대형 상가와 초고층 맨션이 밀집해 있다. 수분 간격으로 신칸센 등 각종 열차가 굉음을 울리며 지나가고 역 주변으로 수많은 일본인이 오간다. 그러나 그들 중 이곳이 예전에 살벌한 형장이었다는 사실을 아는 사람은 별로 없다. 그리고 요즘은 이곳 지명도 '뼈의 벌판

骨ヶ原'이란 무시무시한 이름 대신, 형장이 되기 전 옛 지명인 고즈가하라小塚原로 불린다.

1771년 초봄, 바로 이 형장에서 일본 근대 의학을 혁명적으로 바꾸고, 일본의 근대를 바꾸는 하나의 단초가 되는 일이 일어났다. 스기타 겐파쿠杉田玄白(이하 겐파쿠)를 비롯해 에도에서 근무하는 각 번의 시의侍醫(다이묘大名 등을 진료하는 의사)들이 이 형장에서 인체 해부를 처음 참관하고, 모종의 결의를 한 것이다.

이날 인체 내부를 처음 본 겐파쿠를 포함한 의사 셋은 일본에 전해 내려오는 옛 중국 의서에 실린 인체도는 실제와 다른 반면 자신들이 갖고 간 네덜란드 인체 해부서에 실린 인체도는 실제 인체와 정확히 같다는 사실에 경탄을 금치 못했다.

이들은 돌아오는 길에 "의사라면서 인체 구조도 제대로 모른 채 주군님을 모시는 것은 참으로 부끄러운 일"이라고 반성했다. 그리고 네덜란드 해부서를 일본어로 번역하기로 결의한다. 하지만 그 결의는 무모하다고밖에 할 수 없었다. 당시 겐파쿠는 알파벳조차 몰랐고, 나머지 두 사람의 네덜란드어 실력도 극히 초보 수준이었기 때문이다. 게다가 이들이 가지고 있는 번역 도구라고는 사전이라고도 할 수 없을 만큼 조잡한 필사본 네덜란드어-일본어 단어장 한 권 정도였다. 따라서 이들이 네덜란드어 의학 전문 서적을 해독하고, 번역한다는 일은 거의 불가능에 가까웠다.

그러나 이들은 결국 해냈다. 약 3년에 걸친 '고심참담苦心慘憺, 천

11

신만고千辛萬苦' 끝에 번역을 마치고 《해체신서解體新書》란 번역서를 출판한 것이다. 이렇게 세상에 나온 《해체신서》는 일본 역사상 첫 서양 의학서 번역이라는 불후의 업적이자 일본 근대 의학의 여명을 밝힌 쾌거라는 평가를 받는다.

《해체신서》 출간은 이후 네덜란드(화란和蘭)를 통해 들어온 서양 학문을 뜻하는 '란가쿠蘭學(이하 난학)'가 일본에 융성하는 결정적 계기가 되었다.

《해체신서》 출간 이후 난학은 100년 가까이 일본 근대 의학뿐 아니라 과학과 예술, 나아가 교육, 사고방식, 관습 등 일본인과 일본 사회에 알게 모르게 영향을 미치며 퍼져 나갔다. 난학은 근대 일본을 서서히 변화시켜 나가는 촉매 역할을 하면서 메이지유신으로 일본이 서양식 근대화를 이루는 하나의 토양이 된 것이다.

이와 같은 '획기적 위업'으로 겐파쿠는 일본에서 '난학의 선구자', '일본 근대 의학의 개척자'로 칭송되면서, 각급 학교 교과서에서도 다뤄지고 있다. 일본 사람 중에서 그의 이름과 《해체신서》를 모르는 이가 거의 없을 정도로, 가히 위인 반열에 오른 인물이다.

그러나 한국인 중에 겐파쿠라는 이름을 아는 사람은 거의 없다. 일본, 일본인에 대한 호오好惡는 일단 접어 두고 200여 년 전 쇄국의 섬나라, 일본에 이런 사람이 있었다는 사실은 우리도 알아 둘 필요가 있다.

이들이 보여 준 '의사라면서 인체 구조도 제대로 모른다는 것은 부끄러운 일'이라는 철저한 자기반성에서 출발해 자신의 직분에 충실하려는 자세는 프로페셔널의 귀감이라 할 만하다.

그리고 불가능에 가까운 힘든 일에 도전해 악전고투 끝에 새로운 길을 열어 나간 것은 창의, 개척 정신에 다름 아니다. 이들의 자세는 오늘날의 한국인에게도 많은 것을 시사해 준다. 이것이 언뜻 보아 우리와는 별로 관계가 없어 보이는 겐파쿠의 행적을 더듬어 보려는 이유이기도 하다.

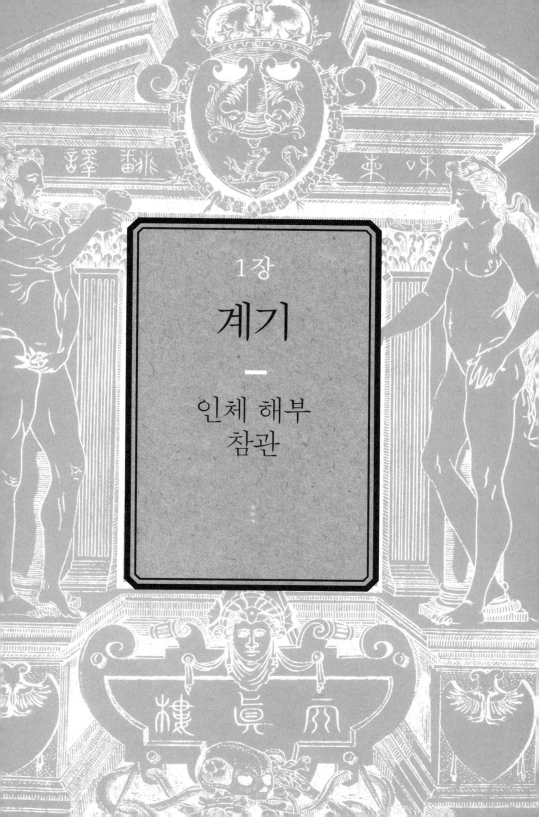

1장

계기

—

인체 해부
참관

번의藩醫의 아들, '오란다 의학'에 흥미를 가지다

도요토미 히데요시豊臣秀吉 (1537~1598)가 죽은 뒤 세키가하라關ヶ原 전투(1600)에서 승리해 천하를 평정한 도쿠가와 이에야스德川家康(1543~1616)는 1603년, 쇼군將軍이 되어 에도에 도쿠가와 막부를 열었다.

막부는 전국 약 260개 번의 영주인 다이묘를 효율적으로 통제, 관리하기 위해 각 번의 다이묘에게 1년씩 에도와 자신의 영지를 오가며 근무하는 것을 의무화시켰다. 막부가 출범한 지 30여 년 후인 1630년대에 공식적으로 확립된 이 제도를 '산킨코타이参勤交代'라고 한다. 각 다이묘와 주요 가신 들은 직계가족 — 처자와 때때로 모친 — 을 에도에 상주시켜야 했다. 일종의 인질이었다.

이 제도는 막부가 각 다이묘를 효과적으로 관리하는 장치로 기능

에도와 자신의 영지를 오가는 다이묘의 산킨코타이 행렬

했다. 또 막부가 260여 년간이라는 비교적 장기간 존속하는 데 크게 기여했을 뿐 아니라 장래 일본에 중대한 변화를 가져왔다.

각 번의 다이묘를 위시해 주요 가신들은 2년에 한 번씩 에도에서 생활하기 위해 자신들의 영지에서 에도까지 이동해야 했다. 규슈九州 남단 가고시마鹿子島의 사쓰마薩摩 번주는 에도까지 가는 데만 50여 일이 걸리는 등, 편도에 짧게는 수일에서 길게는 수십 일씩 걸렸다. 막강한 다이묘의 행렬은 무장한 호위 사무라이 등을 포함해 수천 명에 달했는데, 이는 지나가는 각 번에 자신의 세력을 과시하고 쇼군에게 충성을 표하기 위해서였다. 막부는 이런 행렬에 따른 각 번의 재정 부담 등 폐해를 막기 위해 규모를 줄이는 조치를 취했으나 각 번의 다이묘들은 경쟁적으로 다시 규모를 늘렸다. 대규모 인원이 빈번하게 이동하는 산킨코타이 제도는 전국의 교통망을 정비·발전시켰고, 다이묘 등이 이동·숙박하는 과정에서 각종 상품 소비와 서비스 산업이 발달했다.

에도는 260여 번의 각 다이묘와 가신, 가족 들이 생활하면서 인구가 급증, 대도시로 변모해 갔다. 그리고 인구가 급증한 에도 생활에 필요한 물자를 보급하기 위해 각 번에서 온갖 상품이 흘러들어 왔고, 이를 에도까지 수송하는 과정에서 서민들은 경제적 기회를 잡을 수 있었다. 지방 경제는 각 번이 각각 독립된 하나의 작은 국가였던 정치적 경계를 넘어, 상호 간 활발한 교류를 통해 성장해 갔다. 또 상인과 직인職人(전문 제조 기술을 가진 장인) 계급이 경제적으로 성장하면서 새로운 서민 문화가 발달하기 시작했다. 이전에는 지방 문화에 불과하던 것이 에도에 유입돼 다른 번 사람들에게도 소개되면서 일종의 국민 문화로 성장하는 현상도 나타났다.

각 번은 다이묘 등이 에도에 거주하는 공관 겸 저택인 '에도야시키江戶屋敷'를 두었는데, 세 종류의 야시키가 있었다. 번주 등이 거처하는 가미야시키上屋敷, 유사시를 대비한 별장격인 나카야시키中屋敷, 변두리나 교외에 지어 하급 가신이 거주하거나 창고 등으로 사용하는 시모야시키下屋敷다.

다이묘를 보좌하는 주요 가신, 번의藩醫 등과 그들의 식솔들도 각 번의 에도야시키 안에 있는 관사에 거주했다. 각 번의 에도야시키와 도쿠가와 씨 직계 사무라이들이 거주하는 저택은 대체로 에도에서 가장 풍광이 뛰어난 고지대에 밀집해 있었는데, 전체 도시 면적의 약 70

퍼센트를 차지했다. 도쿄 대학을 상징하는 문으로 유명한 아카몬赤門은 에도시대 최대 번이었던 가가 번加賀藩(지금의 이시카와 현石川縣)의 다이묘가 살던 가미야시키의 정문이었다.

에도시대, 지금의 도쿄 신주쿠新宿 우시고메牛込에 와카사 국若狹國 오바마 번小濱藩(지금의 후쿠이 현福井縣 남부 지방) 시모야시키가 있었다. 1733년 9월 13일, 이곳에 살던 한 번의의 부인이 난산 끝에 죽었다. 사람들은 어렵게 받아 낸 아이도 죽었다고 생각해 포대기에 싼 채 방 한쪽에 밀쳐 두었다. 하지만 아이는 목숨을 부지하고 있었고, 뒤늦게 이를 안 사람들이 힘겹게 살려 냈다. 이 아이가 바로 스기타 겐파쿠다. 의료 환경이 열악하던 당시 사정을 감안해도, 산모가 죽는 와중에 방치된 아이가 가까스로 목숨을 건진 일은 극적이었다고 할 만하다.

태어나면서부터 병약했다는 겐파쿠는 소년 시절, 가업인 의학 공부에 흥미가 없었다. 그러던 그는 열일곱 살 때 돌연 아버지에게 "이제부터 의학을 공부하겠다"고 했다.

당시 일본 의사 대부분은 중국 의서를 기본으로 일본식 처방을 보태 의료 행위를 하는 한방의漢方醫였다. 중국 고전 의서의 치료법은 우주론과 조화에 관한 이론에 따른 것이었다. 그러나 서양 의학은 초기부터 수술을 기본으로 했다. 특히 17세기 유럽 의학은 신체 연구에 바탕을 두었고, 해부학은 필수였다. 그러나 한국, 중국, 일본 등 동아시아에서는 부모에게 물려받은 신체에 상처를 내는 수술을 위험하다고 생각해 수술 자체를 아예 무시했다. 이런 이유에서 한방 의료에서는 인체 해부를 하지 않아 한중일 삼국에서는 인체 해부도가 거의 남아 있지 않다. 중국에서 전한과 후한 사이의 신新나라에서 인체를 해부한 일이 있었고, 그 후 송나라 때 두 차례 인체 해부를 실시했다고 전한다. 그러나 이때 그려진 해부도는 현재 남아 있지 않고 일부만이 전해진다. 대표적인 것이 14세기 초 일본에서 편찬된 《돈의초頓醫抄》다.

한국 의학사가들에 따르면, 조선에서는 《의방유취醫方類聚》(1445)에 오장도가 그려져 있지만 형태가 매우 추상적이다. 그리고 인체 전부를 그린 허준의 《동의보감東醫寶鑑》(1610)에 있는 신형장부도身形臟腑圖는 실제 인체를 해부한 뒤 그린 것이 아니라 허준과 함께 편찬에 참여한 지식인들이 생각한 기본적 인체 구조를 기氣의 흐름이란 관점에서 추상화한 것이다. 이로 인해 소설이나 드라마로 제작된 《동의보감》에서 허준이 실제로 해부를 한 것처럼 오해를 불러일으키는 일이 생기고 있다고 한다.

조선에서 실제로 해부를 한 사람은 전유형全有亨(1566~1624)이 유일하다고 알려져 있다. 그가 임진왜란 때 사체를 해부한 뒤 명의가 되었다는 기록(이익의《성호사설》)이 남아 있다. 그러나 해부는 유학적 관념이나 사회통념상 금기여서 일반화되기는 어려웠다. 그래서 당시까지 동양의 의사들은 인체 내부 구조를 제대로 알지 못한 채 환자를 진료했다.

일본 의사 대부분은 조선이나 중국과 마찬가지로 의사인 아버지, 할아버지 등에게 의업을 가업으로 물려받아 의사가 된 사람들이었다. 이들 이외에도 현재와 같은 국가가 인정하는 의사면허증 제도가 없었기 때문에 누구나 의사 행세를 할 수 있었다.

에도시대 의사는 막부의 쇼군이나 각 번의 다이묘 등을 치료하는 관의官醫나 시의侍醫, 동네에서 일반인을 대상으로 하는 '마치의사町醫者', 즉 개업의 등으로 구분할 수 있다. 마치의사 가운데도 실력이 우수하면 막부나 번의 의관이 될 수 있고, 의관은 마치의사를 겸할 수 있었다. 막부의 고위 관의는 지금 돈으로 환산해 1억 수천만 엔(약 11억 수천만 원)의 연봉을 받았다고 한다.

에도시대 의사는 승려와 마찬가지로 머리를 짧게 깎아서 외관만으로도 의사라는 걸 곧 알 수 있었다. 개업의는 일반적으로 유명 의사 밑에 제자로 들어가 의술을 배운 다음 스승의 허락을 얻어 개업했다. 하지만 독립하기까지 많은 시간이 걸렸으므로 자기 멋대로 개업하기도 했다. 그러나 병을 제대로 고치지 못하는 실력 없는 돌팔이 의사는 곧 도태됐다. 명의로 소문나 있으면서도 환자를 무료로 진료해 주거나, 진료비와 약값을 아주 조금만 받는 의사들도 있었지만 바가지를 씌우는 악질 의사들도 있었다.

한편 에도시대 일본인들은 네덜란드를 '오란다オランダ'(네덜란드에서 가장 큰 지방인 'Holland'의 일본식 발음)라고 불렀고, 한자로는 '和蘭화란' 또는 '阿蘭陀아란타'로 표기했다. 이 명칭이 그대로 이어져 지금도 일본에선 네덜란드보다 오란다라는 말을 쓴다.

당시 네덜란드 의술에 관심을 가지고 간단한 수술 등 서양 의학을 일본 의학에 가미하려는 일본 의사를 '오란다류 의사' 또는 '남만의南蠻醫'라고 불렀다. '남만南蠻'은 서양 여러 나라를 일컫는다.

에도시대 막부는 서양 국가 중 유일하게 네덜란드에만 교역을 허용하고, 나가사키長崎의 작은 인공 섬에 네덜란드 상관商館을 설치케 했다. 그리고 이곳에 거주하는 네덜란드인들의 책임자인 상관장(일본어로는 가피탄甲比丹, カピタン)은 매년 봄 소속 의사, 일본인 통역 등 수행원(통상 약 60명에서 100명)을 데리고 에도에 가 쇼군에게 무역을 허용해 준 데 대한 감사 인사를 올리고, 서양의 진품을 헌상했다. 통상 20여 일간 에도에 머물던 상관장 일행의 행차를 '산푸參府'라고 했고, 이들이 에도에 머물 때 사용하는 니혼바시日本橋 근처 숙소를 '나가사키야長崎屋'라고 불렀다.

매년 봄 상관장 일행이 오면 에도의 오란다류 의사들은 나가사키야로 찾아가 수행해 온 일본인 통역들에게 서양 의학을 비롯한 서양 문물에 대해 물어 보았다. 그리고 네덜란드 의사가 판매를 위임한 통역들이 내놓는 서양 의학서를 구입하기도 했다. 그 책들은 통상 일본

네덜란드 상관장 일행의 에도 산푸

네덜란드 상관장 일행의 에도 방문 기간 중 이들을 만나기 위해 숙소로 몰려든 일본인들

의사들이 쉽게 살 수 없을 정도로 비쌌다.

쇄국령으로 기독교를 엄금한 막부가 17세기 초반, 기독교와 관련 없는 서양 서적과 물품 수입을 허용하자 지식인들 사이에선 서양 문물을 받아들이려는 기운이 점차 높아져 갔다. 이같은 흐름 속에 각 번의 시의를 비롯해 네덜란드에 관심을 가진 사람들이 나가사키에 가서 서양 의술과 네덜란드어를 배우려는 움직임도 생겨났다. 이를 '나가사키 유학遊學'이라고 불렀다. 이는 지금 일본에서 서양으로 유학 가는 것보다 훨씬 어려운 일로, 당시엔 아주 특별한 의미를 지니고 있었다.

또 당시 나가사키에는 네덜란드어를 통역해 주는 전문 통역사 집단도 만들어졌다. 통역들을 '쓰지通詞(통사)'라고 했는데 베테랑 통역은 '대통사大通詞', 경력이 일천하면 '소통사小通詞'로 불렀다. 이들은 통역이란 직업을 세습하는 권리를 가지고 대를 이어 종사했고, 통역조합도

결성했다. 1690년 통역조합원이 약 140명으로 추정된다는 기록이 남아 있다.

산푸는 1633년부터 매년 봄 실시하게끔 정례화되었다가 재정 부담과 무역액 감소 등을 이유로 1790년부터는 4년에 한 번씩으로 바뀌었고, 1850년을 마지막으로 폐지될 때까지 217년간 166회 실시됐다. 한 저명한 오란다류 의사는 네덜란드 의사에게 질문을 하기 위해 4년을 기다리는 것은 "참으로 안타까운 일"이라는 글을 남기기도 했다.

'후와케腑分' 참관은 행운

겐파쿠가 10대 후반일 때 아버지는 그를 어느 '오쿠의사奥醫師(막부 또는 각 번의 간부급 의사)'의 제자로 들여보내 오란다 의학을 배우게 했다. 그리고 유명한 한학자에게 입문시켜 한학漢學도 공부시켰다. 서양 의학을 배우게 된 겐파쿠는 스스로를 오란다류 의사라고 생각했다. 스무 살 때 겐파쿠는 오바마 번의 시의가 돼, 에도야시키에서 근무하면서 20대 중반부터는 니혼바시 근처에 동네 의사로도 개업했다.

아버지가 죽은 지 2년 뒤인 1771년, 겐파쿠는 아버지의 뒤를 이어 오바마 번 오쿠의사로 승진해 니혼바시 부근 신오하시新大橋에 있는 오바마 번 나카야시키에 살았다. 이때 그는 서른아홉 장년이었지만, 타고난 병약을 이유로 결혼하지 않은 상태였다.

그해 3월 3일 밤, 평소 네덜란드 의학에 관심이 많던 겐파쿠는 마침 에도에 온 네덜란드 상관장을 수행한 통역들을 나가사키야에서 만나고 늦게 귀가했다. 집에는 동네에서 행정과 재판 등을 관장하는 막부 관리 '마치부교町奉行'가 보낸 편지 한 통이 배달돼 있었다.

편지는 "내일 고쓰가하라 형장에서 '후와케腑分(인체 해부)'가 있으니, 원한다면 참관을 허락하겠다"는 내용이었다. 당시 일부 의사들에겐 처형당한 사형수들을 해부할 때 참관할 수 있는 기회가 아주 드물게 주어졌다. 겐파쿠는 오래전부터 인체 해부를 참관해 보고 싶다는 생각을 했고, 그 관리에게 부탁해 놓은 참이었다. 드디어 천재일우의 기회가 온 것이다.

한편 겐파쿠와 함께 이 책의 또 다른 주인공인 마에노 료타쿠前野良澤(이하 료타쿠, 1723~1803)는 나카쓰 번中津藩(지금의 오이타 현大分縣) 시의로 네덜란드어를 공부하는 매우 학구적인 의사였다. 1769년, 그는 40대 중반이었지만 네덜란드어 공부를 본격적으로 해보고 싶다며 나가사키 유학을 모색했다. 그러나 번주를 모시고 있는 시의의 몸인 만큼, 주군의 허락 없이 나가사키 유학은 불가능했다.

그해 말, 서양 문물에 관심이 깊고 료타쿠에게 호의적이던 나카쓰 번주 오쿠다이라 마사카奧平昌鹿가 료타쿠의 나가사키 유학을 허락했다. 이처럼 주군의 너그러운 이해와 전폭적 지원이 있었기 때문에 료

§
일본 난학의 개척자, 스기타 겐파쿠

타쿠는 난학에 매진할 수 있었다.

유학은 다음해 2월 말까지 100일 정도로, 그리 길지 않았다. 그러나 료타쿠는 나가사키에서 일본인 통사들로부터 네덜란드어를 배우고, 서양 문물에 대해서도 나름대로 열심히 공부했다. 또 경비를 아껴 프랑스어를 네덜란드어로 설명한 사전《불란사서佛蘭辭書》와 비싼 네

마에노 료타쿠

덜란드 인체 해부서《타펠 아나토미아》도 구입했다.

이 나가사키 유학이 후일《해체신서》발간에 가장 결정적 역할을 하게 될 줄은, 당시 료타쿠 자신도 몰랐다.

《타펠 아나토미아》와 인체 해부

인체 해부 참관 연락을 받은 겐파쿠는 혼자보다는 동료 의사와 함께 참관해 의사 일을 하는 데 도움이 되도록 해야겠다고 생각했다. 그는 곧바로 같은 오바마 번에 속한 후배 의사 나카가와 준안中川淳庵(이하 준안)을 비롯한 몇 명에게 연락했다.

그리고 밤이 늦었는데도, "후와케를 참관할 수 있는 기회가 있으니, 원한다면 내일 아침 일찍 아사쿠사淺草 산야쵸三谷町 입구 찻집으로 나오시기 바란다"는 내용의 편지를 가마꾼에게 시켜 료타쿠가 살고 있는 쓰키지築地의 나카쓰 번 나카야시키로 배달했다. 네덜란드어와 서양 의학에 관심이 많던 료타쿠는 5년 전인 1766년 네덜란드 상관장 일행이 에도에 왔을 때, 겐파쿠를 데리고 나가사키야에 간 적이 있었다. 료타쿠는 내성적인 성격의 외톨이에, 원칙을 중시하는 학구풍인 반면 겐파쿠는 사교술과 임기응변에 능한 마당발 스타일이었다. 이런 성격 차이에다 료타쿠가 겐파쿠보다 열 살이나 많아서, 둘은 그다지 친하진 않았다. 나가사키야에 같이 간 후론 서로 연락이 없었는데 이날 겐파쿠가 갑자기 연락을 한 것이다.

다음 날 새벽 겐파쿠는 서둘러 약속 장소인 찻집으로 갔다. 료타쿠를 비롯해 연락을 받은 사람들이 기다리고 있었다. 인사를 나누고 차를 마실 때, 료타쿠가 보따리에서 책 하나를 꺼내 일행에게 펼쳐 보였다. 세로로 써 내려가는 한문과는 달리 가로로 쓴 '요코모지橫文字', 즉 서양 문자로 쓴 책이었다. 료타쿠는 1년 전 나가사키로 유학을 갔을 때 사 온, 네덜란드어로 쓰인 《타펠 아나토미아》라는 인체 해부서라고 설명했다.

실은 겐파쿠도 며칠 전인 2월 말 네덜란드어로 된 인체 해부서를 입수해 이날 해부를 참관할 때 대조해 보려 가지고 나온 참이었다. 겐파쿠가 보따리에서 책을 꺼내 대조해 보니 같은 책이고, 판도 같았다.

둘은 깜짝 놀랐다. "이건 정말 기이한 우연"이라며, 손을 맞잡고 감격했다. 료타쿠는 나가사키에 간 적이 없는 겐파쿠가 해부서를 어떻게 구했는지 의아했다.

겐파쿠는 같은 번의 후배 의사면서 해부 참관에도 동행할 준안을 통해 이 책을 처음 봤다. 평소 네덜란드 의학에 관심이 많던 준안은 2월 22일, 네덜란드 상관장 일행이 묵고 있는 나가사키야로 찾아갔다. 그때 만난 일본인 통역이 인체 구조에 관한 해설서인 《타펠 아나토미아》와 《카스바리슈 아나토미아》를 보여 주었다. 그러면서 통역은 네덜란드 상관원의 책이지만 원하는 사람이 있으면 양도해 줄 수 있다고 했다. 그래서 준안이 일단 가지고 와 겐파쿠에게 보여 준 것이다.

겐파쿠는 《타펠 아나토미아》를 어떻게 해서라도 구하고 싶었다. 겐파쿠는 《타펠 아나토미아》를 처음 봤을 때 느낌을 말년(83세, 1815)에 저술한 자서전 《난학사시蘭學事始》(이하 《겐파쿠 회고록》)에 다음과 같이 썼다.

그 글자는 한 자도 읽을 수 없었지만, 해부도 속 내장의 구조, 골격 등은 지금까지 책에서 보거나 들은 것과 크게 달랐다. 이것은 실제로 보고 해부도를 그리고, 설명한 것이 틀림없다는 사실을 알았다.

겐파쿠는 "우리 집안도 종래부터 '오란다류 외과外科'라고 한 만큼, 어떻게든 구입해 서가에라도 비치해 두어야 할 책"이라고 생각했다. 그러나 준안이 보여 준 그 책은 너무 비쌌다. 가난한 겐파쿠로선 살

수가 없었다. 그는 생각 끝에 책을 들고 오바마 번에서 가장 뛰어난 학자이자 번주의 측근인 오카 신자에몬岡新左衛門을 찾아가 사정을 얘기했다. 오카는 겐파쿠의 이야기를 듣고는 "그것이 꼭 필요한 물건이라면, 주군님께서 그 돈을 하사하시게끔 이야기해 보도록 하겠다"고 했다. 이에 겐파쿠는 "꼭 필요하다고는 말씀드릴 수 없지만, 구해 두면 언젠가는 도움이 될 것입니다"고 했다. 옆자리에 있던 다른 학자도 "그 책을 꼭 입수하는 것이 좋을 것입니다. 스기타 씨는 그 책을 결코 쓸데없이 할 사람이 아닙니다"며 거들었다. 오카의 이야기를 들은 번주가 곧바로 허락해 주어, 책을 구했다. 겐파쿠로서는 더없이 쉬운 방법으로 소망을 이룬 셈이었다. 이 책이 그가 처음 구한 서양 책이다.

료타쿠는 찻집에서 겐파쿠로부터 《타펠 아나토미아》를 구입하게 된 경위를 들으면서, 5년 전 네덜란드 상관장 일행이 에도에 왔을 때 겐파쿠와 같이 숙소로 찾아갔을 때를 떠올렸다.

그때 료타쿠가 대통사인 니시 젠사부로西善三郎에게 네덜란드어를 배워 보고 싶다고 하자 니시는 "오란다어를 배우는 것은 매우 어려운 일로, 시간 낭비에 지나지 않는다"고 충고했다. 특히 추상명사나 동작을 표현할 때 어렵다고 강조했다. 겐파쿠는 이때 '헛수고에 불과한 일에 시간을 허비하는 것은 무익한 일로 생각하고, 굳이 배워 보려는 마음이 없어졌다'고 회고록에 썼다. 겐파쿠는 이날 네덜란드어를 배워 보려는 생각을 깨끗이 단념한 것이다. 그러나 료타쿠는 달랐다. 현역 대통사인 니시의 말은 충격이었지만 네덜란드어 공부가 어려울지라도 도전해 보겠다고 마음속으로 다짐했다. 그래서 에도에서 네덜란드어 공부를 시작해 3년 후엔 나가사키 유학까지 간다.

　이날 찻집에서 환담하면서 료타쿠는 겐파쿠가 그동안 네덜란드어 공부는 포기했지만 서양 의학에 대한 관심과 열정을 가지고 해부서를 구입하기도 하고, 막부 관리에게 부탁해 인체 해부 참관을 성사시킨 점에 내심 놀랐다.

　료타쿠는 찻집에서 일행들에게 《타펠 아나토미아》를 펼쳐 나가사키 유학 중에 배운 네덜란드어로 "이것은 '롱구long'라는 것으로 폐, 이것은 '하르토hart'라는 것으로 심장, 이것은 '마-구mach'라는 것으로 위, 이것은 '미르토milt'라는 것으로 비장脾臟"이라고 손가락으로 짚어 가며 설명했다. 네덜란드어를 알고 있는 료타쿠의 학식에 모두 깜짝 놀랐고 주눅이 들었다. 그 해부도는 중국의 오장육부설을 따른 해부도와는 전혀 달랐다. 그러나 《타펠 아나토미아》의 인체 해부도가 과연 맞는지 그들은 알 수 없었다. 모두 실제 인체 해부를 보고 대조해 보면 알 수 있을 거라 생각하고, 찻집에서 일어서 형장으로 향했다.

　형장에 도착하니 넓은 형장은 처형자들의 유해를 묻은 흙더미가 곳곳에 펼쳐져. 음습하고 황량한 분위기를 자아냈다. 형장 안쪽엔 지장보살좌상이 세워져 있고, 그 옆엔 '南無阿彌陀佛나무아미타불'이라고 새겨진 석비가 서 있었다. 이 불상이 바로 앞에서 이야기한 엔메이지에 남은 불상이다.

　겐파쿠 등이 작은 사무실로 안내받아 들어가니, 검시 담당 간부가 방금 처형된 사형수를 가리키며 '대죄를 범한 교토京都 태생의 50세 여자'라고 설명했다. 그러면서 "후와케 기술이 좋은 도라마쓰虎松라는 자가 집도할 예정이었으나 갑자기 병이 나 그의 할아버지가 대신 나왔다"며, "나이는 아흔이지만 아직 정정하고, 젊었을 때부터 이 일을 해온 자여서 후와케에는 문제가 없을 것"이라고 했다.

그 간부를 따라 밖으로 나가니 공터 멍석 위에 가마로 덮은 인간 사체가 놓여 있었다. 목 부분은 잘려 나가 한쪽에 뒹굴고 있었고, 의복은 흘러내린 피로 범벅이었다. 그때 손에 칼을 든 건장한 노인이 고개를 숙여 겐파쿠 등에게 인사를 했다. 노인은 멍석 위 사체의 옷을 벗긴 뒤, 목 아래 부분에 칼을 집어넣어 하복부 방향으로 그었다. 아주 능숙한 솜씨였다. 늑골과 내장 등 사체 내부가 완전히 모습을 드러냈다. 노인은 "이것이 폐, 이것은 간장, 여기 있는 것은 신장……" 등 손가락으로 장기를 짚어 가며 설명해 나갔다.

네덜란드 해부도에 감탄하다

겐파쿠와 료타쿠는 가지고 간 《타펠 아나토미아》의 해부도를 펼쳐 실제 인체와 하나하나 확인해 나갔다. 책에 있는 해부도는 어느 하나 틀리지 않았다. 감탄을 금치 못했다. 이들이 실제 인체에서 눈으로 확인한 폐, 간, 장, 위 등과 중국 의서에서 설명한 위치와 형태는 많이 달랐다.

겐파쿠 등은 노인에게 다른 장기도 물어 보았다. 노인은 자신도 이름을 모른다며, 다만 젊었을 때부터 여러 사람을 해부해 봤지만 반드시 그 부분엔 같은 장기가 있었다고 했다. 노인은 지금까지 "후와케를 보러 온 의사들에게 여러 가지를 보여 주었지만 질문하는 사람은 아무도 없었다"고 했다.

당시 인체 해부는 의사가 아니라 이 노인처럼 형장에 소속된 사람들이 했다. 이들은 사형수나 죽은 우마를 처리하고 가죽을 가공하고 처리하는 등의 일을 맡은 '에타穢多'라는 천민 신분이었다. 당시 가장 하층 계급인 이들은 사람들의 눈에 잘 띄지 않는 부락이나 도시 외곽에 모여 살았고, 심한 차별과 멸시를 받았다. 이전 인체 해부를 참관한 의사들은 인체의 내부 구조를 직접 본 적이 없었기 때문에 단지 에타의 설명만 듣고 고개를 끄떡일 뿐이었다. 그러고선 인체의 내부를 직접 조사한 것처럼, 행세하는 것이 그때까지 의사들의 관례였다.

참관이 끝난 뒤 료타쿠는 겐파쿠에게 모처럼의 기회이니 형장에 나뒹굴고 있는 뼈를 모아, 가지고 온 책의 해부도와 비교해 보자고 했다. 겐파쿠는 고개를 끄떡이고 검시 간부에게 부탁했다. 그 간부는 뼈를 가지고 가는 것은 안 된다는 조건으로, 손으로 집어 맞춰 보는 것은 허락했다. 겐파쿠 등은 형장에 흩어져 있는 머리, 척추, 손발, 다리 등의 뼈를 주워 모아 해부도와 맞춰 보았다. 이 역시 중국 의서 내용과는

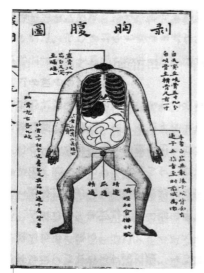

1754년 일본에서 처음 인체 해부를 참관한 야마와키 도요가 참관 후 펴낸 《장지》라는 책. 오른쪽은 본문 제1항, 왼쪽은 해부도. 실제 인체 내부와는 많이 다르다

달랐지만 《타펠 아나토미아》의 해부도와는 완전히 일치했다. 이들은 '모두 놀라 버렸다'고 겐파쿠는 회고록에 썼다.

일본에서 의사들이 인체 해부를 공식적으로 처음 참관한 것은 겐파쿠 등이 참관하기 17년 전인 1754년이었다. 막부의 관의 중 두 번째 높은 지위인 '호겐法眼' 야마와키 도요山脇東洋가 막부의 허가를 얻어, 교토 형장에서 참관한 것이 처음이었다고 기록돼 있다.

야마와키는 이때 제자들을 데리고 가 사형수의 인체 해부를 참관했다. 짧은 시간 탓에 불충분한 참관이었는데도 내장을 하나하나 확인하고, 뼈도 세어 봤다. 그는 참관 결과를 기록하고, 인체도를 그려 5년 후《장지藏志》라는 책으로 출판했다.《장지》는 그때까지 전해 내려오던 중국의 오장육부설이 실물과 다르다는 사실을 지적하면서, '만서蠻書'가 실물과 잘 맞는다는 사실을 담았다는 점에서 획기적이었다. 만서는 '서양 오랑캐'가 쓴 책이란 말이다. 또《장지》에는 기관지가 앞에 있고, 식도가 뒤에 있다는 사실을 확인하는 등 여러 가지 정확한 관찰도 있다. 그러나 이 책은 대장과 소장을 구별하지 않았고, 척추뼈 수를 잘못 계산하는 등 오류가 상당히 많다.

야마와키의 인체 해부 참관에는 겐파쿠와 같은 오바마 번 시의이면서 야마와키의 문하생인 고스기 겐데키小杉玄適도 함께했다. 야먀와키의 참관 이후 의사들의 인체 해부 참관 욕구가 높아졌고, 드물지만 참관이 허용될 때도 있었다.

겐파쿠도 친구인 겐데키로부터 참관 이야기를 전해 듣고, 부러워하면서 자신도 꼭 인체 해부를 한 번 보고 싶다고 생각했다. 그래서 겐파쿠는 오래전부터 인체 해부 참관을 막부 관리에게 부탁했고 이날 드디어 참관을 하게 된 것이었다.

그런가 하면 막부 소속 관의 오카다 요센岡田養仙과 후지모토 립센藤本立泉은 겐파쿠 등이 참관하기 전까지 일고여덟 번이나 인체 해부를 참관했다. 이들도 실제 본 인체 내부가 중국 의서와 다르다는 사실을 제기했으나 '중국인과 서양인은 인체 구조가 다른가'라는, 요령부득의 의문을 적는 것에 그쳤다. 여러 차례 인체 해부를 참관한 이들이 의사로서 의문을 풀려는 노력을 좀 더 했더라면, 겐파쿠가 아니라 그들이 일본 근대 의학사를 개척하는 영광을 안게 됐을지 모른다.

수십만 명에 이른 기독교 신자

여기서 잠깐 겐파쿠가 살던 시기와 그 이전 일본은 서양과 어떻게 접촉했고, 그것이 일본에 어떤 영향을 끼쳤는지 살펴보자.

15세기 후반, 유럽 국가들은 대항해 시대를 맞아 유럽과 아시아를 직접 잇는 신항로를 경쟁적으로 개척해 무역 확대, 기독교 포교, 식민지 획득을 도모했다. 1543년 8월 25일, 일본 규슈 남쪽 끝에 위치한 섬인 다네가시마種子島에 중국 배 한 척이 표착했다. 이 배에는 포르투갈인 한 무리가 타고 있었다. 이들이 바로 기록에 남은, 일본에 처음 발을 디딘 유럽인들이다.

이 배에는 가늘고 긴 원통에 구멍이 난 물건이 있었다. 구멍 끝에서 불을 뿜으며 큰 소리가 나자 공중을 나는 새가 떨어졌다. 화승총, 즉 조총이었다. 놀란 섬사람들이 영주에게 보고했고, 이에 영주는 포르투갈 사람들을 잘 대접하고 비싼 값을 주고 그 총을 샀다. 또 영주는 가신들에게 총 사용법과 제조법을 배우게 했다.《철포기鐵砲記》라는 일본 문서에 실린, 일본에 총이 전래된 일화다.

칼, 창, 활 등 많은 재래식 무기를 만들던 일본은 당시 제철 기술이 상당히 발달했다. 그리고 마침내 이 섬에서 이 총을 견본으로 일본 국산 총을 만드는 데 성공했다. 이어 다른 지역에서도 총을 생산하게 돼 대량생산이 가능해졌다.

총의 전래는 일본의 군사 전략에 혁명적 변화를 초래한 일대 사건이었다. 전국시대戰國時代를 거치면서 보병 총부대가 정예 기마부대를 격파하는 등 기마전법에서 보병전법으로 전술이 변화했다. 이후 임진왜란(1592~1598) 초기 총으로 무장한 왜군은 재래식 무기를 사용하는 조선군을 압도했다. 조선은 임란 중 노획한 조총을 사용해 보기도 했지만 성능을 제대로 파악치 못하다가, 임란 이후(인조 2년, 1604) 우수성을 알고는 일본으로부터 조총 수천 자루를 수입했다는 기록이 있다.

1549년, 스페인 예수회 선교사 프란시스코 사비에르Francisco Xavier(1506~1552)가 규슈 남단 가고시마鹿兒島에 중국 배를 타고 도착했다. 동남아시아에 출몰하던 일본 해적 등과 알게 돼 일본으로 온 그는 다이묘들의 보호를 받으면서 히라도平戸, 야마구치山口를 거쳐 수도인 교토 지역까지 포교 활동을 벌였다. 기독교가 일본에 처음 전파된 과정이다. 이후에도 많은 선교사가 일본을 방문했고, 성당인 남만사南蠻寺를 비롯해 선교사 양성 학교 등도 세워졌다.

그 결과 사비에르가 포교를 시작한 지 20년째 되는 해에는 규슈지역을 중심으로 수도인 교토 인근 기나이畿內 지역에 이르기까지 전국 200곳 이상에 성당이 생겼고, 신도도 15만여 명에 달하는 등 기독

도요토미 히데요시

교가 크게 신장해 갔다. 전국 통일을 목전에 두고 부하에게 살해당한 오다 노부나가織田信長(1534~1582)는 자신의 지적 호기심 등으로 선교 활동을 지원하는 등 기독교에 관용적이었고, 유럽과의 무역에도 큰 관심을 보였다.

노부나가의 뒤를 이어 전국 통일을 완성한 도요토미 히데요시도 처음에는 기독교에 대체로 관용적 태도를 취했다. 불교에 적대감을 가지고, 불교 교단과 사생결단의 전쟁을 벌인 노부나가와 히데요시는 서양인 선교사들을 자신들의 성에 초대하고, 그들의 용기 있는 삶과 헌신을 존중하는 말을 하기도 했다.

이 무렵 우토 번宇土藩(지금의 구마모토 현熊本縣) 다이묘로, 임란 당시 조선을 침략할 때 선봉에 선 왜장 고니시 유키나가小西行長(?~1600)를 비롯해 전국적으로 기독교 신자인 다이묘와 무장이 수십여 명에 달했다. 세례명이 아우구스티누스인 고니시는 후일 히데요시 사후 벌어진 이에야스와 반대파의 세키가하라 전투에서 반대파에 가담해 패했고, 그러자 추종자들이 할복하라고 호소했다. 그러나 그는 기독교에서 금하는 자살을 할 수 없다며, 생포되어 참수되었다.

16세기 말에 이르면 일본의 기독교 신도 수는 더욱 늘어나 당시

§
일본 난학의 개척자, 스기타 겐파쿠

전체 인구의 거의 2퍼센트에 달한 것으로 추산될 정도다. 이는 현재 일본 인구 중 기독교도가 차지하는 비율보다 높다. 오늘날 일본은 기독교 신도가 전체 인구의 약 1퍼센트에 불과하지만 400여 년 전엔 기독교가 이처럼 상당히 널리 전파돼 있었다.

기독교가 날로 확장돼 가던 이 시기에 유럽으로 가는 신자도 출현했다. 1582년엔 규슈 지역 기독교 다이묘 셋은 신학교 학생이던 소년 네 명의 유럽 파견을 후원했다. 이들은 유럽에서 기독교의 미래를 밝혀 줄 선구자로 열렬한 환영을 받았고 교황도 알현했다. 그러나 이들이 8년 뒤 일본으로 돌아왔을 땐 히데요시가 기독교 신교信敎를 금지하는 명령을 내린 뒤여서 그들의 임무는 수포로 돌아갔다. 이에 앞서 히데요시는 1587년, 나가사키의 다이묘가 나가사키를 예수회에 헌납한 것과 포르투갈인이 일본인을 노예로 매매한다는 사실을 알고는 선교사에게 추방령을 내리고 나가사키를 회수하는 조치를 취했다. 그러나 히데요시는 유럽과의 교역은 그대로 인정했다.

1596년, 히데요시는 스페인이 영토를 확장하기 위해 선교사들을 이용한다는 정보를 전해 듣고는 스페인계 프란시스코 교회를 중심으로 하는 선교사와 신자 스물여섯 명을 체포해 나가사키에서 처형시켰다.

히데요시가 임란 중 사망하자(1598. 8.) 결국 히데요시 정권은 붕괴하고 세키가하라 전투에서 반대파를 제압한 이에야스가 1603년 쇼군이 되어 에도에 도쿠가와 막부를 열었다.

이에야스도 처음엔 무역을 촉진하기 위해 기독교를 묵인했고, 이

때 신자가 급증했다. 그러나 막부는 서구 여러 나라가 기독교 포교를 식민지화를 위한 무기로 이용하고, 급격한 신자 증가가 치안을 문란케 하는 등 내정을 해칠 위험성이 있다고 판단해 기독교에 대한 경계를 강화해 나갔다.

1612년, 마침내 막부는 교토, 에도, 나가사키 등의 직할 도시에 기독교 신교 금지령을 내리고 성당을 파괴하라고 명령했다. 1613년엔 전국의 기독교 신자에게 개종을 명했고, 이듬해엔 개종을 거부한 신자 쉰다섯 명과 선교사 아흔세 명을 마닐라와 마카오로 추방했다.

1613년, 센다이仙臺의 강력한 영주 다테 마사무네伊達政宗(1567~1636)는 가신 하세쿠라 쓰네나가支倉常長(1571~1622)를 멕시코와 스페인을 경유해 로마로 보냈다. 이때 서양인 수도사가 동행했는데, 쓰데나가는 마드리드에서 세례를 받은 뒤 당시 교황을 알현했다. 그러나 7년 후 그가 귀국했을 때 일본에선 기리시탄吉利支丹, 즉 그리스도교에 대한 조치가 더 엄격하게 취해지고 있었다.

1616년에는 쇄국령의 기초가 되는 기독교 단속 강화와 무역 통제에 관한 법령이 공포됐고, 1622년에는 선교사와 신자 쉰다섯 명이 나

가사키에서 처형됐다. 그러자 1637년엔 규슈의 시마바라島原. 아마쿠사天草에서 기독교도들을 중심으로 한 농민군 3만 7000여 명이 학정과 기독교 탄압에 저항해 반란을 일으켰다. 막부군(약 12만 명)은 네덜란드 선박의 포사격 엄호를 받으며 완강히 저항하는 반란군을 잔인하게 진압했다. 기독교도를 중심으로 한 대규모 반란에 놀란 막부는 기독교에 대한 탄압과 신교 금지를 더욱 강화해 나갔다. 이 무렵 약 30만 명으로 추정되는 일본 전역의 기독교들 가운데 절반가량이 처형당하거나 기독교를 버렸다. 기독교 신자인지 아닌지를 판별하기 위해 성모마리아와 예수 그림을 그린 목판이나 금속판을 밟고 지나가게 하는 방법이 사용됐다. 이 그림을 '밟는 그림'이란 뜻에서 '후미에踏み繪'라고 한다. 이처럼 에도시대 초기, 막부는 기독교를 하나의 좋은 구실로 삼아 쇄국정책을 강화해 나갔다.

이어 막부는 1639년 포르투갈 선박의 내항을 금지하고, 1641년 나가사키 항구 앞에 있는 작은 인공 섬(약 4000평) 데지마出島에 살게 한 포르투갈인들을 기독교를 전파하려 한다는 이유로 추방했다. 대신 히라도에 있던 네덜란드 상관을 데지마로 이주시켰다. 이에 따라 쇄국정책을 취하고 있던 막부는 청나라와 서구 국가 중에선 유일하게 네덜란드에만 무

기독교 신자를 가려내기 위해 쓰인 후미에

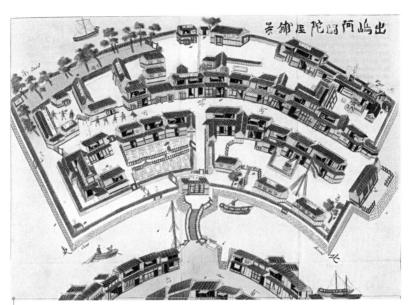

출嶋阿蘭陀屋舖景

네덜란드 상관이 있던 나가사키의 인공 섬 데지마

역을 허용했다. 또 막부는 직할 도시인 나가사키에 나가사키부교長崎奉行라는 대관代官을 두어 관할하고, 남만南蠻 무역의 기지로 삼았다.

이렇게 해서 나가사키를 통해 무역뿐만 아니라, 네덜란드의 의학, 기술, 천문, 지리, 미술 등이 일본에 전해지게 됐다. 나가사키는 네덜란드 동인도회사에서 파견한 상관장 일행이 상주하는 가운데 매년 네덜란드 무역선이 싣고 오는 서양 물품과 정보가 일본에 들어오는 유일무이한 창구가 되었다.

일본이 후일 미국(미일화친조약, 1854)을 시작으로 서양 국가들에 문호를 개방할 때까지 에도시대 200여 년간 네덜란드를 통해 서양을 접하고, 알기 위해 노력한 과정은 세계 문화 교류사에서 가장 독특하고, 눈길을 끄는 대목 가운데 하나로 평가된다.

이처럼 서양 여러 나라 중에서 네덜란드가 일본과의 교역을 독점하게 된 데는 네덜란드의 교묘한 정책이 숨어 있었다. 스페인, 포르투갈에 비해 뒤늦게 극동 무역에 뛰어든 네덜란드는 신교 국가였기 때문에 구교 국가와는 달리 일본에 무역을 하는 조건으로 종교를 강요하지 않았다. 기독교는 허용할 수 없지만, 그렇다고 무역에 따른 이윤을 포기하고 싶지 않던 막부에 네덜란드는 최상의 교역 대상이었던 셈이다. 막부가 쇄국정책을 펼치면서 각 번의 대외무역을 일절 금지하고, 무역을 독점해 막대한 이익을 챙기는 구조를 만든 것이다.

길이 180미터, 폭 60미터 정도의 부채꼴 모양인 데지마에는 상관장 밑에 의사를 비롯해 조수, 경리사원, 요리사 등 네덜란드인 10여 명과 간부들의 시중을 드는 흑인 노예 등이 상주했다. 데지마에는 통사 등을 제외한 일본인들의 출입은 금지되었고, 이곳에 거주하는 네덜란드인들의 행동도 매우 엄격히 통제되었다. 누구도 특별 허가 없이는 육지와 연결되는 다리를 건널 수 없었다. 이처럼 네덜란드인들은 데지마에서 폐쇄된 생활을 강요받았다.

매년 봄 쇼군에게 인사를 올리러 에도로 가

나가사키의 네덜란드인과 유녀

는 산푸는 데지마의 네덜란드인들이 가장 기다리는 행사였다. 에도를 오가면서 일본 이곳저곳을 둘러보고, 일본에 관한 정보를 얻을 수 있는 유일한 기회였기 때문이다. 상관장 가운데는 부인과 자녀들을 데지마에 데리고 와 같이 사는 경우도 있었다.

데지마의 네덜란드인들에게 드물게 허용되는 외출은 대개 나가사키의 유곽을 방문할 때였다. 때로는 허가받은 나가사키의 유곽 여인들이 네덜란드인을 상대하기 위해 데지마로 건너가는 경우도 있었다.

쇄국령 속 서양에 큰 관심을 둔 쇼군

1716년, 제8대 쇼군이 된 도쿠가와 요시무네德川吉宗(1684~1751)는 막부의 중흥을 가져온, 이에야스 이래 가장 강력한 쇼군으로 불린다.

1745년까지 30년 가까이 집권한 그는 이전 쇼군들과 달리 이례적이라 할 만큼 서양 문물에 관심이 많았고 이해도 깊었다. 요시무네는 일본에 새로운 산업을 일으키기 위해서는 서양 지식을 받아들여야 한다고 판단해, 기독교와 관계없는 서양 서적과 물품 수입을 허가했다. 막부 창설 이래 쇄국정책의 중요한 금령禁令 중 하나인 금서禁書의 영을 과감히 철폐한 조치였다. 이같은 요시무네의 방침에 따라 서양

의학서를 비롯해 천문, 지리, 역법 등
의 각종 서적이 나가사키를 통해 들
어왔고, 무기, 선박, 시계 등도 수입
이 가능해졌다.

그리고 요시무네는 서양 서적
을 번역하기 위해 저명한 유학자 아
오키 곤요靑木昆陽(통명은 분조文藏,
1698~1769), 관의 노로 분조野呂文丈
(1693~1761) 두 사람에게 네덜란드어를 배우게끔 했고(1740), 막부의
관의에게는 네덜란드 의학 지식을 습득하도록 지시했다. 이에 따라 료
타쿠도 아오키의 문하에 들어가 네덜란드어를 배우게 된 것이다.

요시무네는 외국 동물에도 관심이 많았는데 외국 서적에서 본 코
끼리에 흥미를 느껴 베트남에서 코끼리를 수입토록 했다. 나가사키를
통해 상륙한 인도코끼리는 약 두 달 동안 걸어서 에도까지 갔다. 교토
에 들렀을 땐 천황이 코끼리를 구경한 뒤 '광남종사위백상廣南從四位白
象'이란 귀족에 해당하는 관위를 수여하는 일도 있었다. 당시로선 진기
한 외국 동물인 코키리 행차는 일본인들을 놀라게 했고, 이는 섬에 갇
혀 사는 일본인들의 외국에 대한 흥미를 촉발하는 일이기도 했다.

그런가 하면 일본에서 인공 재배가 곤란하던 조선 인삼을 요시무
네 재임 중 20여 년간 시행착오를 거친 끝에 재배에 성공하기도 했다.
또 중국을 통해 일본에 들어온 고구마 종자를 일본 전역에 재배토록

ⓐ 에도시대 나가사키를 통해 처음 일본에 들어온 코끼리는 약 2개월간 걸어서 에도까지 갔다. 연도에
늘어선 일본인들이 당시로선 진기한 동물인 코끼리를 보고 놀라는 소동이 벌어지기도 했다

하자는 아오키의 건의를 받아들여 이후 고구마는 일본의 구황작물로
큰 역할을 하게 된다.

　이같은 상황에서 당시 일본 지식인들 사이엔 서양 문물에 대한 호
기심과 함께 서양 학문과 기술을 배우려는 욕구가 강하게 일어났다. 그
러나 막부는 여전히 기독교가 국가의 기반을 흔들 위험이 있다고 판단
해 금지시켰고, 기독교와 관련한 서양 서적과 일본 서적을 엄격히 통제
했다.

　요시무네는 쇄국정책의 빗장을 여전히 단단히 건 채, 느슨한 문호
개방정책으로 개혁을 시도했다. 무예, 학문, 식산殖産을 장려한 요시무
네의 이런 정책을 '교호享保개혁'이라 부른다.

2장

결의

—

무모한
도전

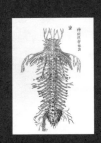

겐파쿠,
《타펠 아나토미아》번역을 제안하다

난생 처음 인체 내부를 본 겐파쿠 등은 깊은 충격과 말할 수 없는 감동을 느끼며 형장을 나와 귀갓길에 올랐다. 아침에 만났던 아사쿠사를 지나 중간 갈림길에서 겐파쿠, 료타쿠, 준안은 다른 일행과 헤어졌다. 세 사람은 집이 같은 방향이었다.

또 세 사람 중 겐파쿠와 료타쿠는 《타펠 아나토미아》를 가지고 있었고, 준안은 겐파쿠와 같은 번 출신에다 겐파쿠에게 그 책을 소개해 준 인연이 있었다. 이때 겐파쿠가 두 사람에게 《타펠 아나토미아》를 번역하자고 제안했고 두 사람이 동의해 3년여 후 번역을 끝내게 된다. 따라서 이날이야말로 일본 과학사와 지성사에서 중대한 날이라고 해도 과언이 아니다. 그날의 모습을 겐파쿠의 회고록을 통해 보자.

우리는 도중에 이야기했다. "오늘 실제로 본 인체 해부는 참으로 하나하나가 놀라움이었다. 그것을 지금까지 모르고 있은 것이 부끄러운 일이다. 적어도 의술로써, 서로가 주군님을 모시는 몸으로, 그 바탕이 되는 인체의 진짜 구조를 모른 채 지금까지 하루하루, 이 업을 해왔다는 것은 면목이 없는 일이다. 어떻게 해서든 오늘의 체험을 바탕으로, 대략적이나마 인체의 진짜 구조를 판별하면서 의술을 행한다면, 이 업에 종사하고 있는 변명이라도 될 것이다." 우리는 이렇게 이야기하면서 모두 한숨을 내쉬었다. 료타쿠도 "참으로 천만, 동감"이라고 말했다.

그때 내가 "이《타펠 아나토미아》, 한 권만이라도 아무쪼록 새롭게 번역한다면 인체의 내외 구조도 잘 알게 돼, 오늘날의 치료에 큰 도움을 줄 것이다. 어떻게 해서든 통사의 힘을 빌리지 않고 해독하고 싶다"고 말했다. 그러자 료타쿠가 "나는 전부터 오란다 책을 읽고 싶다고 생각해 왔으나, 여기에 뜻을 같이하는 좋은 친구가 없어, 늘 안타깝게 생각해 왔다. 여러분이 정말 그렇게 생각한다면, 나는 전에 나가사키에도 갔다 왔고, 오란다어도 조금은 기억하고 있다. 이것을 바탕으로 같이 읽어 보는 것을 시작하지 않겠느냐"고 말했다.

이에 나는 "그것은 무엇보다 반가운 일이다. 동지로서 힘을 합쳐 준다면, 나도 단단히 뜻을 세워 한번 열심히 해보겠다"고 말했다. 료타쿠는 이 말을 듣고 아주 기뻐하며, "그렇다면 '좋은 일은 서둘러라'는 말도 있는 만큼, 바로 내일 우리 집에 모이자, 무언가 방법이 있을 것"이라고 말했다. 우리는 단단히 약속을 하고 그날은 헤어져 각자 집으로 갔다.

§
일본 난학의 개척자, 스기타 겐파쿠

인체 해부를 처음 본 겐파쿠가 의술로 번주를 모시는 번의의 입장에서 인체의 정확한 내부 구조도 모르는 사실을 부끄러워한 것은 직업인으로서 통렬한 자기반성이요, 자가비판이다. 그리고 겐파쿠가 의사로서 해부 참관을 통해 새로운 사실을 알게 된 뒤, 네덜란드어를 전혀 알지 못하면서도 서양 의학서를 번역해 보자고 한 제의는 무모하지만, 전인미답의 새로운 영역을 열어 나가려는 개척자 정신에 다름 아니다.

그러나 문제는 이들의 어학력이었다. 세 사람 중에 그나마 어학력이 가장 나은 사람은 료타쿠였다. 네덜란드어를 배우겠다고 마음먹고 수년간 나름대로 공부를 해 오고 있었고, 나가사키에 100일간 유학도 갔다 왔기 때문이다. 하지만 그의 네덜란드어 실력도 고작 단어 몇 개를 외우는 정도였다. 결코 문장을 읽고 번역할 수준이 아니었다.

언어학적으로 네덜란드어는 서게르만 어군語群으로 분류돼 독일어와 닮았다. 준안은 네덜란드어 알파벳 A(아), B(베), C(세)를 겨우 아는 정도였고, 거기에다 겐파쿠는 아예 ABC도 몰랐다. 겐파쿠는 5년 전 나가사키 통사로부터 네덜란드어 공부가 매우 어렵다는 이야기를 듣고는 포기한 상태였다.

다음 날 아침, 겐파쿠와 준안은 약속대로 료타쿠가 살고 있는 쓰키지의 나카쓰 번 관사를 찾았다. 세 사람은 탁자 위에 《타펠 아나토미아》를 펼쳐 놓고 마주 앉았다. 그러나 네덜란드어 책을 해독할 능력이 없는 세 사람이 작업을 진행할 방법은 없었다. 이들이 번역 작업에 들어간다는 것 자체가 어불성설이었다. 이때의 심경을 겐파쿠는 회고록

51

에 다음과 같이 적었다.

> 책을 앞에 놓았으나, 마치 노와 키도 없는 배를 타고 망망대해에 나간 것처럼
> 갈피를 잡을 수도 없고, 기댈 곳도 없어 그저 기가 막힐 뿐이었다.

당시 이들의 심경을 잘 표현한 듯하다. 네덜란드어에 대한 기초 지식도 전혀 없는 그들이 제대로 된 사전과 같은 어학 도구조차 없는 상태에서 번역을 한다는 것은, 상상을 초월할 만큼 어려운 일이었을 것이다.

당시 에도에서 네덜란드어를 공부하는 사람이 없진 않았다. 쇼군 요시무네에게 네덜란드어 학습을 지시받은 학자 아오키 등 몇 사람이 있었다. 그러나 그들은 나가사키의 네덜란드 상관장이 에도로 올 때 따라온 통사에게 네덜란드어 발음과 의미를 일본어로 받아 적어 조잡한 단어장을 만든 정도에 불과해, 전문 서적을 번역할 수준은 아니었다. 따라서 에도에 네덜란드어 문장을 해독할 수 있는 사람은 전무한 상태라고 해도 과언이 아닐 정도였다.

겐파쿠 등이 번역 작업에 선생으로 모시려고 해도 마땅한 사람이 없는 형편이었다. 그래도 나가사키 유학을 갔다 왔고, 네덜란드어 단어 몇 개라도 외우고 있는 료타쿠가 에도에서 가장 나은 편이었다.

겐파쿠는 알파벳도 모르는 상태였지만 번역 작업을 성사시키겠다는 열의에 불탔다. 그는 료타쿠에게 "의지할 사람은 나가사키에 유학

을 갔다 온 그대밖에 없다. 나이도 나보다 열 살이나 많으니, 오늘부터 이 모임의 맹주로, 또 선생으로 모시고 이 번역 작업을 추진해 나갔으면 한다"며 머리를 조아리고 부탁했다.

이때 료타쿠가 49세, 겐파쿠가 39세, 준안이 33세였다. 학식이나 나이 등으로 봐도 번역 작업에서 겐파쿠와 준안이 료타쿠를 '사부'로 모시는 것은 당연했다고 할 수 있다.

번역 작업의 맹주가 된 료타쿠

번역 작업 동료로부터 '맹주'로 모셔진 료타쿠의 본명은 다니구치 료타쿠谷口良澤였다. 그의 집안은 대대로 의사로 종사해 왔고, 아버지 다니구치 신스케谷口新介는 후쿠오카 번福岡藩(지금의 후쿠오카 현)의 에도야시키에서 근무하던 시의였다.

료타쿠가 일곱 살 되던 해 아버지가 병사하자, 어머니는 그를 버리고 재혼했다. 졸지에 천애 고아가 된 료타쿠는 요도 번淀藩(지금의 교토 부京都府) 시의인 외삼촌 미야타 젠다쿠宮田全澤 밑에서 자랐다. 외삼촌은 박학다식한 기인이었다. 보통 사람과는 다른 사고방식을 가지고 있어서 조카인 료타쿠를 교육시킬 때도 방식이 달랐다. 겐파쿠의 회고록에 따르면, 그는 항상 조카에게 다음과 같이 말했다.

세상에는 버려져 있는 예능이 많이 있다. 그것을 버려서는 안 된다. 그것을 소중하게 여겨, 후세 사람들이 사용할 수 있도록 해야 한다. 이와 마찬가지로 사람들이 거들떠보지 않는 데 눈을 돌려, 그것을 깊이 연구하는 데 힘쓰도록 하라.

료타쿠는 '사람들이 버려서 거들떠보지 않는 데 힘써라'는 외삼촌의 가르침에 영향을 받으면서 자랐다.

세상의 '주류'보다는 '비주류'에, '대세'보다는 '틈새'에 주목하라는 뜻이었다. 그리고 외삼촌에 못지않은 기인 성향을 가지고 있던 료타쿠는 그 가르침에 충실했다.

료타쿠는 당시 획기적인 병리학설로 주목받은 '만병일독설萬病一毒說'을 주창한 요시에키 도도吉益東洞의 의술에 공감해, 그의 의술을 열심히 공부했다. 이런 태도가 주변에 알려져 나카쓰 번의 시의 마에노 도겐前野東原이 그를 양자로 받아들이게 된다. 다니구치 료타쿠에서 마에노 료타쿠로 성이 바뀐 것이다.

료타쿠는 의학을 배우는 틈틈이 예전 중국에서 일본으로 전해진 '히토요기리一節切'라는 단소를 배워 상당히 능숙한 경지까지 이르렀다. 당시로선 그 악기를 배우는 사람이 극히 드물었다. 또 료타쿠는 일본 전래의 소극笑劇으로 서민들에게 인기가 있던 '교겐狂言'에도 흥미를 가지고 교겐 모임에도 열심히 참여해 배웠다.

당시 지식층이던 의사가 교겐을 한다는 것은 격이 맞지 않는 일로 여겨졌다. 료타쿠는 매우 드문 취미를 가지고 있었던 셈이다. 그는 또 새로운 일, 남들이 어렵다고 생각하는 일에 적극적으로 파고드는 사고 방식과 행동력을 가졌다. 네덜란드어를 배우게 된 동기도 그의 이같은 성격에서 비롯했다고 해도 과언이 아니다. 언젠가 료타쿠와 같은 번의 동료가 네덜란드어 문건을 보여 주며, "이것을 읽고 의미를 알 수 있는 가"라고 묻자 그는 "아무리 나라가 다르고, 언어가 다르다고 해도 같은 인간이 사용하는 것이 아닌가. 나라고 못 할 이유가 있겠는가"라며 네덜란드어를 공부하려고 마음먹었다. 그 뒤 우연히 유학자 아오키가 막부의 지시에 따라 네덜란드어를 공부한다는 말을 듣고, 그 문하에 들어가 배우기 시작한 것이다.

열심히 네덜란드어를 공부하려는 료타쿠의 자세를 기특히 여긴 아오키는 자신이 저술한 《화란문자약고和蘭文字略考》를 읽게 하고 질문에도 성실히 답해 주었다. 이 책은 세 권으로 돼 있는데 제1권은 알파벳 스물여섯 자의 글자꼴과 발음, 문자의 조합 등을 소개하고 있다. 제2, 3권은 네덜란드어 단어 721개를 일본어로 의미와 발음을 표시한 사전이지만, 실제로는 단어장 수준에 불과했다. 이 책은 아오키가 20년 가까이 상관장 일행이 매년 에도에 올 때마다 나가사키야로 찾아가 통사들로부터 들은 네덜란드어 단어 등의 발음과 의미를 일본어로 적어 놓은 것이다.

료타쿠는 아오키에게 《화란문자약고》를 빌려 필사하는 한편 단문 네 개를 예로 들면서 일본어로 번역한 《화란어역和蘭語譯》도 열심히 공부했다. 그러나 노년의 아오키가 병을 앓아 자리에 눕게 되면서 둘의

사제관계는 채 1년도 되지 않아 끝났다. 그렇지만 료타쿠로서는 네덜란드어의 기초를 처음 배운 소중한 기회였다.

어쨌든 그가 당시 에도의 식자들에겐 정통으로 받아들여지지 않고, 공부하는 사람도 드물던 네덜란드어에 흥미를 가지고 또 나가사키 유학까지 가 사전과 서양 인체 해부서 등을 구입해 온 것은, 기인이었던 외삼촌의 가르침을 충실히 따랐기 때문인지도 모르겠다.

원본엔 없는 책 이름,《타펠 아나토미아》

《타펠 아나토미아》는 과연 어떤 책인가? 이 책의 표제지엔 다음과 같은 표제가 쓰여 있다.

해부학표/부, 도표 및 해설 인체의 구조와 그 각 부분의 기능에 대한 도해/해설.
요한 아담 쿨무스 著(닥터, 단치허 의과대학 교수, 왕립과학학사원회원)
헤라루쥬스 딕텐 네덜란드어 번역(라이덴 외과의), 암스테르담, 얀스 존스 폰
와즈베르헤社刊, 1734년

이 책은 인체 각 부분의 해부도를 중심으로 한《해부학표解剖學表》

란 제목의 해설서로 독일의 의대 교수 요한 아담 쿨무스Johan Adam Kulmus(1689~1745)가 쓴 독일어판(1722년 초판)이 원본이다. 원본의 명칭은《Anatomische Tabellen》이다. 그리고 이 책엔 인체 각 부분의 구조와 기능에 대한 설명 이외에 인체 해부도 스물여덟 장이 실려 있다.

출판 이후 유럽 각국에서 복잡한 인체 구조와 기능을 잘 요약, 설명하고 있다는 평을 받은 이 책은 라틴어, 프랑스어 등 각국어로 번역, 출판됐다. 네덜란드에선 1734년 외과의사 헤라루쥬스 딕텐Gerardus Dicten이 네덜란드어로 번역해《Ontleedkundige Tafelen》이란 제목으로 출판했다.

249쪽 분량의 이 네덜란드어판이 네덜란드 동인도회사 상선에 실려 나가사키를 통해 일본에 들어왔다. 몇 부가 들어왔는지는 알 수 없으나, 이후 우연히도 료타쿠와 겐파쿠, 두 사람이 각각 나가사키와 에도에서 고가로 입수한 것이다.

그러나 정작 표제지엔 료타쿠 등이 이

《타펠 아나토미아》의 독일어판 원본 《Anatomische Tabellen》에 실린 요한 아담스 쿨무스 초상

《타펠 아나토미아》독일어판 원본의 표제지. 아래쪽에 라틴어로 책 이름과 저자 등이 쓰여 있다

ONTLEEDKUNDIGE
TAFELEN,
Benevens de daar toe behoorende
AFBEELDINGEN
EN
AANMERKINGEN,
Waar in het Zaamenftel des Menfchelyken Lichaams,
en het gebruik van alle des zelfs Deelen
afgebeeld en geleerd word.
DOOR
JOHAN ADAM KULMUS,
Doctor en Hooglerraer der Genees- en Natuurkunde in
de Scboelen te Dantzich, en Mede Lid van de
Keizerlyke Akademie der Weetenfchappen.
In het Nederduitfch gebragt
DOOR
GERARDUS DICTEN,
Chirurgyn te Leyden.

Te AMSTERDAM,
By de JANSSOONS VAN WAESBERGE,
MDCCXXXIV.

「ターヘル・アナトミア」のとびら

《타펠 아나토미아》네덜란드어판의 표제

책 제목으로 말하는 《타펠 아나토미아》란 명칭이 없다. 'TAFEL'은 네덜란드어로 표表, 보譜란 뜻이고, 'ANATOMIA'는 라틴어로 해체解體를 의미하는데 어떻게 해서 원본에 없는 책 이름이 사용됐는지는 알 수 없다. 다만 나가사키의 네덜란드 상관원이 일본 통역에게 이 책을 팔아 달라고 부탁할 때, 《타펠 아나토미아》의 표제지 앞 장에 'De Tafelen van der Anatomie'라고 적힌 글을 보고 책 이름을 간단히 《타펠 아나토미아》라고 하게 되었고, 료타쿠 등도 그렇게 부르게 되었다고 추정할 뿐이다. 어쨌든 '타펠 아나토미아'가 원저의 정식 이름은 아니지만, 이후 일본에선 너무나 유명한 책으로 인구에 회자되며 오늘에 이르고 있다.

이 책의 원저자 쿨무스는 18세기 서양 의학계의 최고 권위자로 알려진 알브레히트 폰 할러Albrecht von Haller(1708~1777)가 해부학 분야에서 독자 영역을 개척한 실력 있는 의학자로 평가하는 의대 교수였다.

우연이지만 그 책의 저자가 쿨무스와 같은 당대의 실력파 의학자란 사실은, 겐파쿠 등 번역자들은 물론 후일 《해체신서》를 접하게 되는 일본 의사들에게도 '행운'(현대의 저명한 난학 연구가인 가타기리 가즈오片桐一男의 표현)이었다.

번역을 위해 알파벳부터

　　　　　　　　　번역 작업 첫 모임이 있은 지 사흘 후, 이들은 료타쿠의 집에 다시 모였다. 료타쿠는 네덜란드어 학습부터 시작했다. 겐파쿠와 준안, 두 사람에게 먼저 붓을 들어 알파벳부터 쓰게 하고, 자신이 발음하면 따라 읽게 하는 식으로 가르쳤다. 번역 작업이라고는 할 수 없는, 기초 어학 공부였다. 세 사람은 각각 번의로서 공무가 있어 바빴지만 번역 작업에 열성이었다. 수일에 한 번씩 료타쿠 집에 빠짐없이 모였다.

　어느 날 조금 늦게 도착한 겐파쿠가 가쓰라가와 호슈桂川甫周(이하 호슈)란 젊은이를 데리고 왔다. 가쓰라가와가桂川家는 당시 일본 의사 명문 집안 중 하나로 호슈의 아버지 호산甫三은 막부 고위 관의인 호간法眼으로 재직 중이었다.

　겐파쿠는 호슈가 번역 모임이 있다는 이야기를 전해 듣고 자신도 꼭 참여하고 싶다며 간청해 데려왔으니 허락해 주면 어떻겠느냐고 료타쿠에게 물었다. 호슈는 1751년생으로 당시 스물한 살이었다. 호산은 매년 봄 네덜란드 상관장 일행이 에도에 오면 만났는데, 그 덕분에 호슈도 1772년부터 상관장 일행과 만나온 터라 네덜란드어 알파벳 정도는 알고 있었다. 료타쿠가 양해해 번역 모임은 네 명으로 늘었다. 료타쿠는 이들 셋에게 역시 네덜란드어 기초부터 공부시켰다. 번역 모임을 시작한 지 한 달쯤 지났을 때, 료타쿠는 일단 어학 공부를 그만하고 번역 작업에 들어간다고 통고했다. 번역 작업을 해 나가다 보면 새로운 사실을 알게 되든지, 뭔가 진전이 있지 않겠느냐고 생각한 것이다.

네 사람은 이날부터 《타펠 아나토미아》 두 권을 펼쳐 놓고 마주 앉았다. 그러나 눈앞에 있는 서양 문자가 무슨 뜻인지는 알 수 없었다. 알파벳을 겨우 뗀 셋은 물론이고, 료타쿠도 네덜란드어 책을 번역하는 데는 까막눈과 마찬가지였다.

료타쿠가 가지고 있는 번역 도구라고는 그동안 자신이 틈틈이 만든 네덜란드어 단어장과 아오키가 지은 《화란문자약고》의 필사본 그리고 나가사키 유학 때 구입한 프랑스-네덜란드어 사전 《불란사서》 정도였다.

료타쿠는 《타펠 아나토미아》의 문장을 해석해 보려 했지만 그의 네덜란드어 실력과 번역 도구로는 불가능했다. 번역은 한 걸음도 진전되지 못했고, 무거운 침묵과 한숨으로 시간만 흘러갔다. 그렇지만 이들은 약속한 날, 정해진 시간에 꼬박꼬박 료타쿠의 집에 모였다.

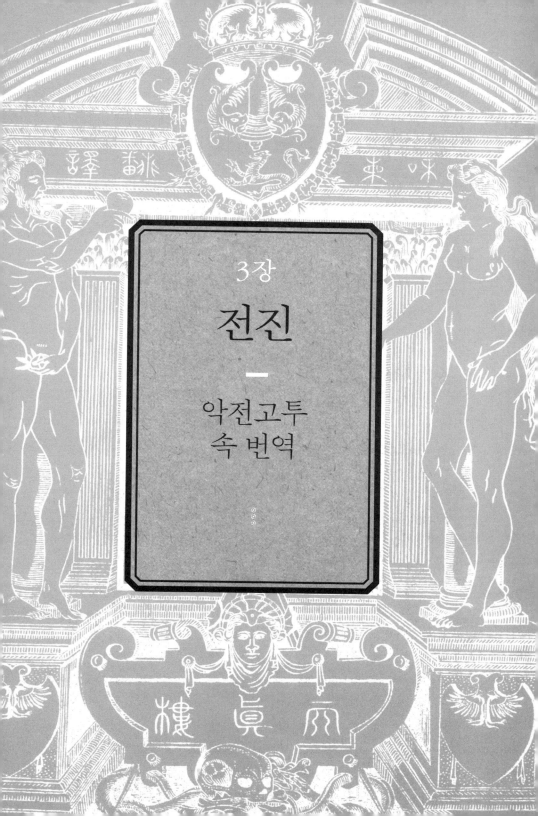

3장

전진

—

악전고투
속 번역

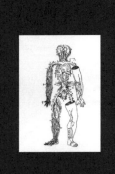

남녀 나신도

　　　　　번역 작업이 답보를 계속하고 있던 어느 날, 이들은 《타펠 아나토미아》를 뒤적이다가 해부도 부분 맨 앞쪽에 있는 인간의 나신도裸身圖를 주목했다.

　나신도의 왼쪽엔 서양 여자가 정면을 보고 있는 모습이, 오른쪽엔 등을 보이고 있는 건장한 남자가 그려져 있었다. 그리고 남녀의 그림엔 각각 머리부터 발끝까지 알파벳 기호와 숫자 등이 적혀 있었다.

　나신도는 신체 내부가 아닌 외부인 만큼, 료타쿠 등은 일본어로 명칭을 익히 알고 있었다. 따라서 그림에 붙어 있는 알파벳 기호 등을 근거로 신체 외부 각 부분에 대한 네덜란드어 명칭을 알 수 있을 것이며, 또 기호와 책 속 문장을 대조해 본문이 인체의 어느 부분을 설명하는지도 알 수 있으리라 생각했다.

　이에 료타쿠 등은 우선 번역 작업을 해부도부터 시작하기로 하고,

《타펠 아나토미아》 해부도 맨 앞쪽에 있는
남녀 나신도

난해한 문장으로 돼 있는 본문은 뒤로 돌
리자는 데 의견을 모았다.

남녀 나신도에는 모두 머리 윗부분에
A라는 기호가 붙어 있었다. A가 과연 무
엇을 뜻하는지를 놓고, 네 사람의 의견이
둘로 갈렸다. 나신도에 그려진 남녀의 머
리 부분엔 모두 머리털이 그려져 있어 기
호 A가 머리인지, 아니면 머리털인지 구
별하기가 어려웠던 것이다.

료타쿠가 《타펠 아나토미아》 본문 중
기호 A가 어디에 있는지를 찾기 위해 한
참 책을 뒤적이다가 20쪽에서 A란 문자
를 찾아냈다. 'TWEEDE TAFEL'('제2도편'이란 뜻)라는 큰 문자 밑에
'A……, het Hoofd……'라는 문장이 있었다.

네 사람은 'A……'라는 문장이 기호 A의 설명이라고 생각했다. 료
타쿠가 옆에 있던 책을 꺼냈다. 료타쿠가 아오키 문하에서 배울 때 필
사한 네덜란드어 사전 《화란문자약고》였다.

료타쿠가 이 사전에서 어느 단어를 손으로 짚으며 겐파쿠 등 세 사
람에게 보여 주었다. '頭 hoofd ホフト'라고 적혀 있었다. 료타쿠는
'h'의 대문자가 'H'임을 설명하면서 'Hoofd'는 '두발'이 아닌 '머리'라
고 설명했다. 그리고 'A는 두발이 아니고 머리'라고 결론지었다. 이들

은 큰 소리로 'A는 머리다'고 외쳤다. 번역 작업에 들어간 지 수개월 만에 처음 해독해 낸 네덜란드어 문장이었다.

이 나신도에는 A, B, C 기호 외에 1, 2, 3이나 Ⅰ, Ⅱ, Ⅲ 등의 숫자도 적혀 있었다. 겐파쿠 등은 아라비아 숫자도 몰랐다. 이들은 이 기호들을 본문 중에서 찾는 작업을 시작했다. 료타쿠가 나신도의 남자 코 부분에 있는 '6'은 숫자 '六'을 의미한다고 설명하며, 본문 중에서 '6'이 있는 부분을 찾아냈다. 'Neus'란 단어가 있었다. 료타쿠는 이 단어는 자신도 외우고 있는 '코'라는 의미의 말이라면서, 자신의 단어장을 찾아 '鼻 neus ネウス'라고 적힌 부분을 보여 주었다. 일동은 탄성을 질렀다.

이들은 이날 같은 방식으로 나신도에 있는 기호를 본문과 조회한 뒤, 료타쿠가 가진 《화란문자약고》를 펼쳐 일본어로 무엇인지를 확인했다.

《화란문자약고》에는 눈〔眼〕, 입〔口〕, 발〔足〕, 손〔手〕, 어깨〔肩〕 등 모두 스물다섯 개의 인체 명칭 단어가 실려 있었다. 인체 각 부분의 명칭을 잘 알고 있는 이들 의사들에겐 다행인 셈이었다. 이날 이들이 확인한 인체 명칭은 머리〔頭〕, 코〔鼻〕, 가슴〔胸〕, 배〔腹〕, 허리〔腰〕, 손바닥〔掌〕 등 총 여섯 개였다. 이들은 다른 종이에, 나신도에 표시된 인체 각 부분의 명칭을 네덜란드어와 함께 일본어로 기입하는 작업을 해 나갔다. 이로써 겨우 번역 작업의 실마리를 잡은 셈이었다.

그러나 《화란문자약고》에 없는 인체 명칭도 많았다. 료타쿠는 그 부분은 동료들과 상의해 일본어 명칭을 기입하는 방식으로 처리했다. 번역 모임은 사나흘에 한 번씩 열렸는데, 약 한 달 후엔 나신도에 있는 인체 각 부분의 네덜란드어 명칭을 전부 알게 됐다. 남녀 두 나신도의 해설을 머리, 얼굴, 가슴, 배로 번역했다.

장벽에 부딪힌 번역 작업

그러나 인체 외부 명칭을 아는 것만으로는 의학적으로 별 의미가 없다. 인체의 각 부분이 몸속에서 어떤 역할과 기능을 하는지를 설명해 놓은 본문의 의미를 모르면, 번역하는 의미가 없는 것이었다. 본문 해설 부분의 의미를 아는 것이 번역의 목적인데 이들의 번역 작업은 여기서 벽에 부딪혔다.

예를 들어, 《타펠 아나토미아》에선 머리 부분을 설명하는 본문이 'het Hoofd is de opperste holligheid'와 같은 짧은 문장으로 돼 있다. 료타쿠 등은 그 문장이 인체 각 부분을 설명한다는 것은 알고 있지만, 료타쿠의 빈약한 네덜란드어 실력으론 문장을 이해하는 것이 불가능했다. 머리를 설명하는 이 문장 중 번역 작업의 맹주로 추대된 료타쿠가 알고 있는 단어는 머리를 뜻하는 'Hoofd' 이외에 'is', 'de'란 두 단어뿐이었다. 나머지는 료타쿠도 처음 보는 단어였다. 'is'는 영어의 'is'와 같고, 'de'는 'it' 또는 'the' 등 여러 의미로 쓰이는 조사였다.

료타쿠는 'Hoofd'의 앞에 붙은 'het'가 무슨 의미인지를 알기 위해 한나절을 끙끙댔지만 해독 불능이었다. 'het'는 영어의 'the'에 해당하는 정관사에 불과하지만, 료타쿠는 그 의미를 몰랐다.

이때 겐파쿠가 "도저히 알 수 없는 부분은 일단 덮어 두고 지나가는 것이 어떻겠느냐. 앞으로 나가다 보면 나중에 그 부분을 자연스럽게 알게 될지도 모른다"고 제의했다. 료타쿠도 일리가 있는 의견이

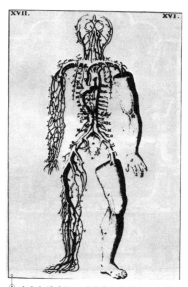

전신의 혈관을 표시한 《타펠 아나토미아》의 해부도

라고 생각했다. 료타쿠는 번역 작업에서 겐파쿠가 네덜란드어는 능숙하지 못하지만 두뇌가 명석한데다 사물을 판단하고, 일을 진행해 가는 능력이 비상함을 여러 차례 느끼고 있었다. 이 대목도 그런 경우라고 할 수 있다.

그래서 'het'는 일단 제쳐 놓고, 'Hoofd' 뒤 문장을 번역해 보려 했다. 'het'를 제외하면 'Hoofd is de opperste holligheid'라는 문장이 되는데, 'opperste'이란 단어에서 막혔다. 이 단어는 《화란문자약고》에도 없었고, 료타쿠가 만든 자신의 단어장에도 없었다. 이때 의미를 알 수 있을 가능성이 있는 길 하나가 있었다. 료타쿠가 나가사

키 유학에서 구입해 온, 마린이 지은 프랑스-네덜란드어 사전인《불란사서》를 참고로 하는 방법이었다.

나가사키에서 료타쿠에게《불란사서》를 구입하도록 권유한 통사는 "이 사전은 프랑스어 단어가 네덜란드어로 무슨 의미인지를 자세히 설명해 놓은 것이다. 예를 들면 '가볍다'라는 단어에 대해 '무겁지 않다'고 해설하는 식"이라고 설명했었다.

료타쿠는 통사의 말을 떠올리며《불란사서》를 뒤적였다. 겨우 'opperste'라는 단어를 찾았다. 물론 그 단어를 설명하는 문장은 의미를 쉽게 설명하려는 문장이었지만 료타쿠는 그 의미를 알 수 없었다. 료타쿠는 설명문에 있는 단어를 한 자씩《불란사서》에서 찾아 나갔다. 그러나 새로운 단어를 설명하는 문장도 대부분 료타쿠가 모르는 것들이어서, 'opperste'란 단어의 의미를 찾으려는 작업은 점점 미궁 속으로 빠져들었다.

료타쿠는 'opperste'를 놓고 며칠간 씨름한 끝에 '가장 위에'라는 뜻 이외엔 다른 뜻이 없다고 추론했다. 이 이야기를 들은 번역 동료들도 "과연 그렇다"며 환성을 질렀다.

료타쿠는 'opperste'에 이어 'holligheid'란 단어를 해석한 뒤, 두 번째 모임에서 'het Hoofd is de opperste holligheid'란 문장은 '머리는 인체의 가장 위에 있다'란 의미가 틀림없다고 결론지었다. 동료들도 동의했다. 이 짧은 문장이 그들이 처음 번역에 성공한 문장이었다. 이는 그들에게 상당한 자신감을 안겨 주었다. 그러나《타펠 아나토미아》는 약 250쪽에 이르는 전문 의학서인 만큼, 단문 한 줄은 책 전체 분량에 비교하면 그야말로 해변의 모래알에 불과했다.

겐파쿠는 당시 자신들의 번역 작업 모습을 회고록에 다음과 같이 적었다.

그런데 그때는 'de(デ = the)'라든지, 'het(ヘット = it, the)'라든지, 'als(アルス = as)', 'welke(ウエルケ = which)' 같은 조사의 사용법도 뭐가 뭔지 확실히 몰랐기 때문에, 조금씩 아는 단어가 있다 해도 앞뒤 문맥은 전혀 몰랐다. 예를 들어, '우에인부라우ウエインブラーウ(눈썹)는 눈 위에 나 있는 털'이란 문장 하나도, 무슨 뜻인지를 몰라 긴 봄날 하루 종일을 매달렸으나 알 수가 없었다. 이처럼 해가 질 때까지 생각해 보고, 서로를 쳐다봐도, 불과 한 줄밖에 안 되는 아주 짧은 문장조차 풀 수 없었다.

또 어느 날 '코' 부분에서 '코는 후루햇핸도フルヘッヘンド 하고 있는 것'이라고 쓰인 부분에 이르렀을 때다. 그런데 이 말을 알 수가 없었다. 이것이 무슨 뜻인가 하고 모두 생각을 맞춰 봤지만 알 수 없어서, 어떻게 할 도리가 없었다. 물론 그때는 '워르덴부쿠ワォールデンブック(사전)'라는 것도 없었다. 다만 료타쿠가 나가사키에서 구해 온 간략한 소책자가 있어, 그것을 보니 '후루햇핸도'를 '나뭇가지를 잘라 놓으면 후루햇핸도'하고, 또 마당을 쓸면 먼지와 흙이 모여 '후루햇핸도한다' 같은 설명이 있었다. 항상 그랬듯이 무슨 뜻인지 모두 이러저리 궁리해 보았지만 알 수가 없었다. 그때 나는 생각했다. 나뭇가지를 자른 뒤 그대로 두면 쌓이고, 마당을 쓸고 먼지와 흙이 모이면 이것도 쌓여서

높아진다. 코는 얼굴의 한가운데 높이 솟아 있으므로, '후루햇핸도'는 '솟아올랐다'는 뜻일 것이다. 그 때문에 이 말은 '높게 쌓이다는 뜻의 퇴堆'로 번역하면 어떻겠느냐고 일동에게 물으니, 모두 말 그대로라면서 그렇게 번역하기로 정했다. 그때의 기쁨은 어디에도 비교할 수 없고, 귀한 보물이라도 손에 넣은 것 같았다. 이렇게 여러 방법으로 궁리해 가며 번역어를 정했다. 그러다 보니 료타쿠가 외우는 번역어의 수도 늘어 갔다.

이 이야기 가운데 코 부분은 후일 일본의 근대 교육이 실시되면서 《해체신서》 번역 작업을 소개하는 흥미진진한 삽화로 각급 학교 교과서에도 실려 일본인에게 널리 알려지게 됐다. 그러나 공교롭게도 후일 《해체신서》 연구자들이 《타펠 아나토미아》 원서에는 '후루햇핸도 verheffende'란 단어가 없다는 사실을 밝혀냈다.

따라서 이 이야기는 회고록을 집필할 때 고령이던 겐파쿠의 착각이었거나, 지어낸 이야기일 가능성이 크다. 원서에는 '후루햇핸도 verheffende'가 아닌 '솟아올랐다'란 의미의 '후루베휀verhevene'이란 단어가 있다.

§
일본 난학의 개척자, 스기타 겐파쿠

《타펠 아나토미아》본문 중 코에 관한 설명. 오른쪽 밑줄 친 부분이 '후루베훤verhevene'이란 단어. 왼쪽은 독일어판 원본, 오른쪽은 네덜란드어판

료타쿠 주도하에 한 발씩 전진

《타펠 아나토미아》는 총 249쪽 중 소문자로 된 주석이 절반 이상을 차지한다. 그리고 인체 해부도 스물여덟 장에 대한 설명은 대문자로 돼 있다. 료타쿠 등이 대문자 부분을 해석하는 것만 해도 매우 어려운 일이었으므로, 주석까지 해석하는 것은 거의 불가능했다. 그래서 소문자로 된 주석 해설을 번역하는 것은 아예 단념키로 하고 대문자로 된 본문 번역에만 전념했다. 따라

서 이들은 《타펠 아나토미아》 전부를 번역하려고 한 것은 아니었다. 그러나 고대 중국 의학에서 전해져 온 애매한 해부 지식밖에 갖고 있지 않은 일본인 의사들에게 대문자로 된 본문만이라도 번역 출판해 서양 의술을 접하게 하려는 것은 매우 의미 있는 작업임엔 틀림없었다.

료타쿠가 주도한 번역 작업은 지지부진한 가운데도 한 발짝씩 나아가고 있었다. 주로 료타쿠가 조사해 추정한 단어나 문구 등에 대해 겐파쿠 등이 의견을 제시해 결정하는 방식이었다.

료타쿠는 본문을 번역할 때 번역, 의역意譯, 음역이라는 세 원칙을 정해 놓았다. 요즘 번역 작업에도 적용되는 방식이다. 예를 들어, 네덜란드어로 'Beenderen'은 'Been(뼈)'의 복수형으로, 이는 본래 의미 그대로 '骨골'로 번역한다. 'Kraakbeen'은 'Been(뼈)'의 부드러운 부분을 의미하므로 '軟骨연골'이라고 의역했는데, 지금도 연골로 번역한다. 적당한 일본어 단어가 없는 'klier'는 발음 그대로인 '機里爾기리이'로 음역했다. 현대 일본어에선 갑상선甲狀腺 등으로 사용되는 '腺선'이라는 뜻이다. '인대靭帶'를 의미하는 'Band'도 일본어 발음으로 '반도 蠻度'로 번역했다. 이들은 네덜란드어 실력이 전문 서적을 번역하는 수준에 턱없이 모자랐으므로, 이같이 발음을 따라 번역하는 음역을 많이 이용했다.

그러다 보니 억지로 갖다 붙인 오역이 없을 리 없었다. 예를 들어, 《타펠 아나토미아》의 이마 설명에는 '노인이 되면 이마에 주름이 생긴다. 눈썹 사이는 매끈해서 털이 없는데 여기를 미간이라 한다'고 돼 있

§
일본 난학의 개척자, 스기타 겐파쿠

다. 그러나 료타쿠 등은 이를 '이마는 눈썹보다 위, 두발 사이다. 대체로 사람은 늙으면 즉 이곳에 주름이 생긴다'고 오역했다.

명사를 번역할 땐 료타쿠가 단어장 등을 찾아 확실히 또는 어렴풋하게나마 의미를 알아내는 것은 가능했다. 명사는 형태가 확실한 인체의 명칭을 가리키는 경우가 많았기 때문이다. 그러나 형용사나 추상명사, 부사 등은 참으로 난제였다. 거기에다 네덜란드어에는 일본어에는 없는 관계대명사 등이 있었다. 그래서 이들은 네덜란드어를 '요상한 언어'라고 생각했다.

료타쿠는 번역을 하다 어려운 단어나 문장에 부딪히면, 그것을 풀기 위해 전력을 기울였다. 집념은 무서울 정도여서, 그 덕분에 번역 작업이 조금씩 전진됐다고 해도 과언이 아니었다. 학문을 대하는 엄격하고 열정적인 료타쿠의 자세는 겐파쿠 등 동료들도 경의를 표할 정도였다. 그러나 료타쿠의 번역 방법엔 융통성이 없었다. 예를 들면, 어떤 단어나 구절에 너무 집착해 번역을 완료하지 않을 때까지는 진도를 나가지 못했다. 요령이 없거나 나쁘다고 해야 할 방식이었다. 머리 회전이 빠르고 요령이 좋은 겐파쿠가 그같은 결점을 보완해 주는 역할을 했다.

그런데도 '신넨Zinnen, 精神' 같은 말처럼 도저히 무슨 뜻인지 알 수 없는 경우도 많았다. 그럴 때는 그 말들도 번역 작업을 해 나가다 보면 알게 될 때가 있을 것이다. 우선 표시를 해 놓고 넘어가자는 생각에서 동그라미 안에 십十자를 표시했다. 그런 이유로 우리는 모르는 부분을 '구쓰와 십문자 < つわ十文字

73
§
3장 전진_악전고투 속 번역

(동그라미 속 열십자 표시)'라고 이름 지었다. 번역 모임 때마다 여러 가지를 상의
했고, 아무리 생각해 봐도 모를 때는 결국 "그것도 '구쓰와 십문자', '구쓰와 십
문자'"라고 하면서 일단 넘어갔다.

그러나 '일의 계획은 사람이 하지만, 그 일의 성패는 하늘에 달려 있다'는 말도
있듯이 반드시 해낼 수 있을 것이라고 믿으면서, 우리는 한 달에 예닐곱 번 만
나 이처럼 머리를 짜내고, 정력을 쏟으며 고심했다. …… 우리는 정해진 날에
는 게으름을 피우지 않고, 반드시 모두 모여 상의하며 읽어 나갔다. '모르는 일
도 마음먹기에 따라서는 알게 된다'는 뜻의 에도시대 속담인, '어둡지 않은 것
은 마음'이라는 말처럼, 1년여가 지나자, 이해하는 단어 수도 부쩍 늘었고 오
란다란 나라의 사정도 자연스레 알게 됐다. 이렇게 되자 문장이나 문구가 어렵
지 않은 부분은 하루에 열 줄 또는 그 이상도 진도가 나가게 됐다. 그런가 하면
매년 봄, 에도에 오는 나가사키의 통사들을 찾아가 모르는 부분을 물어보기도
했고, 후와케 참관의 기회도 얻어 참가했다. 그리고 가끔 짐승을 해부해 인체
도와 대조해 보기도 했다.

–《겐파쿠 회고록》

앞서 언급했지만 아버지는 일찍 죽고 어머니에게 버림받아 사실상
고아로 외삼촌 밑에서 불우하게 자라난 료타쿠는 비사교적이고 융통
성은 전혀 없이, 혼자서 학문만 파고드는 성향이었다. 거기에다 결벽,
완벽주의자였다. 그는 다른 사람과 책상을 마주하고, 협동 작업을 하
는 것이 본래 어려운 사람이었다. 그런데도 료타쿠가 겐파쿠, 준안, 호

슈와 공동으로 번역 작업을 주도해 나간 것은《타펠 아나토미아》를 반드시 번역해야겠다는 의사로서의 사명감과 열정이 있었기 때문이다.

겐파쿠는 료타쿠와는 여러 면에서 대조적이었다. 사교성이 뛰어난 데다 원칙보다는 그때그때 상황에 따라 판단하고, 목적 달성과 공명심에 불타는 성향이었다. 겐파쿠는《타펠 아나토미아》번역은 료타쿠의 네덜란드어 지식을 활용하지 않고는 불가능하다고 판단하고, 료타쿠의 기분을 상하지 않도록 극력 주의하는 등 공동 작업이 깨지지 않도록 세심하게 배려했다.

만약 료타쿠의 기분을 상하게 해 그가 이 모임에서 이탈해 버리면, 번역 작업은 그날로 종언을 고할 상황이었기 때문이다. 한편으로 료타쿠는 자신이 가지지 못한 겐파쿠의 여러 재능에 감탄하면서 젊은 준안, 호슈에게도 호감을 가졌다. 이런 점들이 복합적으로 작용해, 비사교적인 료타쿠와 개성 강한 겐파쿠가 주도한 번역 작업은 그런대로 순항 중이었다.

겐파쿠,《홍모담》사태를 걱정하다

겐파쿠는 하루치 번역 작업이 끝나면 그 부분을 깨끗이 정리, 기록해 두는 일을 스스로 맡아 했

75

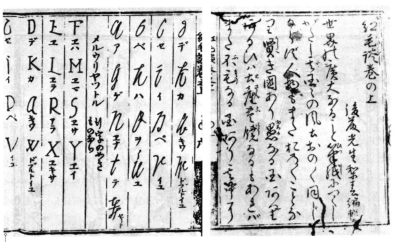

발매 금지된 《홍모담》에서 알파벳을 설명한 부분

다. 그는 료타쿠가 조사한 단어, 문장 등을 우선 철저히 기록, 정리해 둔 뒤 집으로 돌아가서는 그날 밤 안에 붓으로 정서해 두었다. 그리고 그것을 다음 모임에 가지고 와 동료들에게 배포해 작업의 효율을 올리도록 했다.

번역 작업이 겨우 궤도에 올라 진행되고 있었지만, 겐파쿠에겐 책을 출판할 때가 걱정이었다. 앞서 언급했듯이 이때로부터 51년 전인 1720년, 서양에 흥미를 가지고 있던 8대 쇼군 요시무네는 기독교와 관계없는 서양 책 수입을 허용해, 이를 계기로 일본 지식층의 서양 문물에 대한 관심이 크게 높아졌다. 그러나 쇄국을 외교정책의 기본 방침으로 정한 막부는 여전히 양서에 대한 감시와 규제를 엄하게 했고,

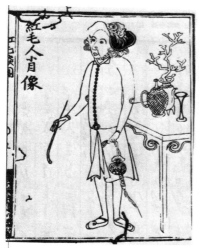

네덜란드인 남녀를 그린 '홍모인紅毛人' 초상

서양과 관련한 일본 내 출판물도 역시 제약을 받는 상황이었다.

6년 전인 1765년, 《홍모담紅毛談》 발매 금지 사건이 있었다. 당시엔 '붉은 머리[紅毛]'는 서양, 즉 네덜란드를 뜻하는 말이고 네덜란드인을 '붉은 머리 사람[紅毛人]'이라고 했는데, 《홍모담》은 네덜란드에 관한 이야기를 묶은 책이었다. 책의 저자는 한방의 약재나 약초 등을 연구하는 본초本草학자인 고토 리슌後藤梨春으로 《합감본초合鑑本草》 같은 의학서를 쓴 사람이었다. 그가 네덜란드 상관장 일행이 에도에 올 때마다, 나가사키야에 가 수행원들로부터 들은 네덜란드에 관한 이야기를 기록해 《홍모담》이란 이름의 소책자로 발간한 것이다. 전해 들은 네덜란드의 풍속, 산물 등을 간단히 소개하는 내용이었다. 그러나 막부는 이 책에 발금 처분을 내렸고, 저자를 문책했다. 필기체, 활자체, 고딕체로 쓰인 서양 문자 알파벳이 책 안에 있었기 때문이다.

《타펠 아나토미아》 출판을 위해 번역을 하고 있는 겐파쿠 등에게 《홍모담》 발매 금지 사건은 큰 위협 요인이었다. 《타펠 아나토미아》에 는 ⊙, 우, ㅎ 등 여러 가지 부호가 인쇄되어 있었다. 겐파쿠는 이 부호 가운데 기독교의 십자가를 연상시키는 †과 ‡, 두 부호는 위험하다고 판단해 번역 과정에서 철저히 배제하고 다른 부호를 만들어 대신했다. 《홍모담》은 소책자에 불과했으나 약 250쪽에 달하는 《타펠 아나토미 아》를 번역, 출판할 경우 《홍모담》과는 비교가 안 될 정도로 분량이 많 은, 본격 번역서가 될 것이다.

이렇다 보니 책을 출간했을 때, 당연히 막부가 알게 돼 발매 금지 를 당하고 번역자들은 문책을 받을 가능성이 높았다. 그런 상황을 피 하기 위해서는 막부의 고위층을 움직여 《타펠 아나토미아》는 아무 문 제가 없는 의학서라는 것을 보장받아야 할 필요가 있었다.

겐파쿠에겐 막부의 명을 받고 1년 반 동안이나 나가사키에 유학을 갔다 온 의사이면서 광산 개발, 무역 등 다양한 사업에 손을 대고 있는 히라가 겐나이平賀源內라는 친구가 있었다. 그는 당시 쇼군으로부터 신 뢰가 두텁던 막부 최고 실력자 로주老中 다누마 오기쓰구田沼意次에게 중용돼 막부의 대외무역에 관계하는 인물이었다. 다누마의 측근으로 각계에 영향력을 행사하던 그는 서양화를 그릴 줄 알고, 서양 과학에 도 밝은 등 다재다능한 사람이었다.

겐파쿠는 막부를 좌지우지하는 다누마의 협력을 얻으면 책을 출판하는 데 지장이 없겠다고 생각했다. 그래서 히라가를 움직여 막부의 협력을 얻어 봐야겠다고 마음속으로 생각했다.

히라가 겐나이

겐파쿠 등이 형장에서 인체 해부를 보고 《타펠 아나토미아》의 정확성에 감동해 번역 작업을 시작한 지 8개월여가 지나고, 1772년 새해가 밝았다. 그해 2월 중순, 료타쿠의 장녀는 급병으로 요절했고, 며칠 뒤인 2월 말엔 에도에 대화재가 발생했다. 에도 메구로目黑에서 일어난 방화사건이 때마침 불어온 강풍을 타고 불길이 사방으로 번져 에도의 3분의 1을 잿더미로 만들고, 수많은 사상자를 낸 사건이었다. 다행히도 료타쿠와 번역 모임 동료들의 집은 모두 화재 피해를 면했다. 3월 중순, 료타쿠의 장녀 사망과 대화재로 중단했던 번역 모임을 한 달여 만에 다시 시작했다.

겐나이가 그린 서양 부인화

이 무렵 나가사키에서 네덜란드 상관장 일행이 에도로 와 당시 쇼군(제10대)인

도쿠가와 이에하루德川家治(1737~1786)를 만났고(3월 15일), 곧 돌아갈 예정이었다. 모임에서 겐파쿠는 상관장 일행을 따라온 통사들에게 그동안 번역하면서 몰랐던 부분을 물어보는 것이 어떻겠느냐고 제안했다. 료타쿠는 좋은 생각이라며 곧바로 동의했다. 이들은 그때까지 번역하면서 해독 불능 표시를 해 둔 부분을 물어보기로 했다. 통사에게 보이면 해독 불능으로 미뤄 둔 부분을 해독하는 데 상당히 도움이 될 것으로 기대했다.

이때 나가사키의 통사로는 대통사 이마무라 겐에몬今村源右衛門과 소통사 나무라 모토지로名村元次郎가 수행했다. 료타쿠 등은 상관장 일행의 숙소 나가사키야로 찾아가 대통사 이마무라에게 면회를 신청했다. 곧 이마무라가 나와 료타쿠 등을 방으로 안내했다. 나가사키야는 서양 문물에 대해 견문을 넓히려는 사람들로 북적거렸다.

료타쿠는 이마무라에게 2년 전 나가사키에 유학한 사실이 있다는 등으로 인사를 나눈 뒤, 《타펠 아나토미아》와 그동안 번역한 것을 정서해 놓은 종이 뭉치를 펼쳐 보였다. 종이를 펼쳐 본 이마무라는 얼굴이 창백해졌다. 료타쿠는 아무리 경험이 많고 지위가 높은 대통사라 해도 네덜란드인과의 일상 회화가 아닌 문장 독해력은 떨어진다는 이야기를 나가사키 유학 시절 들었다. 이마무라도 그런 사람이었다.

료타쿠는 이마무라에게 번역 모임에서 구쓰와 십문자 표시를 해 놓은 부분을 가리키며 무슨 뜻인지 물었다. 이마무라는 고개를 저으며 난감한 표정을 지었다. 료타쿠가 계속해서 물어봤지만 이마무라는 미

§

간을 찡그리며 모른다고 할 뿐이었다. 해독 불능 부분 중 그가 알고 있는 부분은 극히 드물었다. 약속 시간이 다 돼 이들이 일어섰을 때, 이마무라가 설명해 준 것은 두세 개에 불과했다.

료타쿠 등이 대통사 이마무라를 만난 목적은 달성하지 못했지만, 이마무라도 잘 모르는 어려운 문장을 자신들이 번역하고 있다는 사실은 오히려 그들에게 자신감을 안겨 주었다. 또 네덜란드어를 오랫동안 공부하고, 쇼군의 통역을 담당하고 있는 대통사도 알지 못하는 어려운 작업을 자신들이 하고 있다는 자부심도 갖게 했다.

이후 이들은 번역 작업에 박차를 가해 나갔고, 네덜란드어에 대한 지식도 점차 늘었다. 이에 따라 해독 불능이라는 숙제로 남겨 놓은 구쓰와 십문자 표시도 차츰 줄어들었다. 어렵지 않은 문장은 하루에 10행, 또는 그 이상도 번역이 가능해졌다. 이들이 번역 작업에 들어간 지 2~3년이 지나 어느 정도 네덜란드어를 이해하게끔 되자 '그 기쁨은 사탕수수를 씹는 것처럼 달콤했다'《겐파쿠 회고록》)고 한다.

이런 가운데 겐파쿠는 이상할 만큼 하루라도 빨리 책을 출판하기 위해 조바심을 냈다. 그동안 자신이 맡아 온 번역 작업의 정리, 기록을 빠짐없이 계속하는 한편 료타쿠에겐 번역 작업을 재촉하기도 했다.

동료들은 내가 성급한 것을 가끔 비웃었는데, 그럴 때마다 나는 이렇게 대답했다. 장부는 초목과 같이 아무것도 하지 않은 채 썩어 버려서는 안 된다. 당신들은 몸도 건강하고, 나이도 젊으나 나는 병약한데다 나이도 먹었다. 잘못하다간

이 번역 작업이 완료되기 전에 이 세상을 하직할지 모른다. 사람의 생사는 미리 정하는 것이 불가능하다. 앞서 가는 자는 다른 사람을 제압할 수 있으나, 뒤쳐진 자는 다른 사람에게 제압당한다는 말도 있지 않은가. 그래서 나는 서두르는 것이다. 내가 먼저 가면, 제군들이 번역에 성공한 모습을 저승에서 보고 있겠지. …… 그러자 가쓰라가와 군 등은 크게 웃었고, 나중엔 '저세상'을 나의 별명으로 삼아 불렀다.

-《겐파쿠 회고록》

겐파쿠는 이때 마흔 살이었다. 넷 중 가장 연장자인 료타쿠보다는 열 살 아래였으나 병약했기 때문에 만일의 경우, 출판을 보지 못하게 될 상황을 우려한 것이다. 겐파쿠의 성급한 성격과 한시라도 빨리 출판해야겠다는 의욕이 오히려 번역에 도움이 되기도 했다. 이때 겐파쿠에게 '저세상'이란 별명을 붙였던 젊은 준안(1739~1786), 호슈(1751~1809)는 겐파쿠보다 먼저 세상을 떠난다.

이해 9월 말경, 초고 번역이 끝났다. 료타쿠 등은 일단 정리 작업을 마친 뒤, 교정 작업에 들어갔다. 형장에서 사형수의 인체 해부를 처음 본 뒤 귀갓길에 번역을 결의한 이래, 1년 반 동안 각고의 노력 끝에 완벽하다고는 할 수 없지만 일단 1차 번역을 끝마친 셈이다. 이들의 형편없는 네덜란드어 실력으로 전문 서적을 번역하는 일은 사실 불가능에 가까웠다. 그래서 자신들조차 설사 번역을 한다 해도 상당히 오랜 시간이 걸릴 것이라고 예상했었다. 그러나 예상보다 빨리 번역을 마친 것이다. 상상 밖의 큰 성과이자, 커다란 기쁨이었다. 료타구 등의 강인한 정신력과 뛰어난 두뇌, 팀워크가 있었기 때문에 이 정도의 번역이나마 가능했다고 할 수 있다. 겐파쿠는 번역 작업에 임한 심경을 후일 다음과 같이 회고했다.

그때 생각했지만 오진應神 천황 시대에 백제의 왕인王仁이 우리나라로 올 때 한자를 처음 전하고, 책을 가지고 왔기 때문에 이후 대대로 천황은 학생들을 중국에 보내 그쪽 학문을 공부하게 했다. 긴 세월이 흐른 지금에 와서 비로소 중국인들에게도 부끄럽지 않은 한학漢學이 가능하게 됐다. 지금 처음 시작한 이 학문이 갑자기 어떤 성과를 올릴 수 있겠는가? 다만 인체 구조라는 아주 중요한 것이 중국 의서에 쓰여 있는 것과는 다르다는 사실의 대강을 어떻게 해서든 세상에 알리고 싶다는 생각 이외에 달리 바라는 바는 없었다. 이렇게 결심하고 번역 모임에서 해독한 부분은 그날 밤 집에 돌아와 곧바로 번역한 뒤, 정서해 모아 나갔다.

–《겐파쿠 회고록》

4장

출간

—

수완을
발휘한 겐파쿠

‥

막부 반응을 떠보다

초고 번역 작업이 대충 마무리된 1772년 10월 초, 역시 료타쿠의 집에서 열린 번역 모임에서 겐파쿠가 새로운 제안을 했다. 《타펠 아나토미아》 번역 내용 중 일부 해부도를 떼 내 먼저 출간해 보자는 것이었다.

당시 일본은 내란이 종식되고, 외국과의 전쟁도 없는 태평한 시대가 백 수십 년간 지속되고 있었다. 또 에도시대는 태평한 분위기 속에 각 번의 도시들이 크게 발전해 나간 시대였다.

전국시대 말인 1576년부터 에도시대 초인 1622년까지 약 50년 동안 전국의 다이묘들은 관할하는 번 중심지에 거대한 성을 짓고, 성 주변에 서민들이 생활하는 마을 '조카마치城下町'를 만들었다. 이렇게 조성된 조카마치가 근현대 일본 도시의 원형이 됐다.

당시 도시 가운데 가장 번성한 도시는 사실상의 정부 기관인 막

부가 있던 에도였다. 에도에는 막부에 근무하는 수많은 관리를 비롯, 260여 곳에 이르는 각 번이 에도야시키를 두어 번주와 가신 그리고 그 식솔들이 거주했다. 게다가 이들의 생활에 필요한 물자를 조달하고 서비스를 담당하는 직인, 상인 등이 엄청나게 늘어났다. 19세기 초엔 인구가 100만 명에 이르렀다. '100만 도시' 에도는 일본 제일의 대도시이면서 막부의 쇄국정책 때문에 외국 정보와는 거의 단절돼 있던, 당시 일본인들은 몰랐겠지만 세계 최대 도시 중 하나였다.

천황과 조정이 있는 교토는 헤이안平安(784~1185년경)시대 이래 일본의 수도였다. 인구 약 35만 명의 교토는 에도시대 들어 쇠퇴한 기미를 보였지만 여전히 문화적 · 경제적 전통과 염직 · 금속 · 미술 등의 분야에서 고도의 공업 기술과 세련된 문화를 발신하는 기지였다. 또 '천하의 부엌'이라 불리며 전국적 상업, 금융 활동의 중심지인 경제 도시 오사카는 전성기 때 인구가 약 40만 명을 넘는 대도시였다. 이들 세 도시를 '삼도三都'라고 불렀다. 곧 에도시대에는 수도 세 곳이 있었던 셈이다.

이같은 대도시를 중심으로 상업이 발달한 당시 일본에서 점포들은 영업 개시나 신상품 판매에 앞서 이를 알리기 위한 선전 활동을 다양하게 벌였다. 오늘날의 광고 전단 같은 것을 만들어 배포하기도 했는데, 이를 '히키후다報帖'라고 했다.

겐파쿠는 어느 날 갑자기 번역 모임 동료들에게 본격적인 번역 출판에 앞서 히키후다와 같은 '선전용 전단'을 만들자고 한 것이다.

"당시는 아직 오란다설에 대해 들었거나, 들었다 해도 그것을 이해하고 있는 의사가 거의 없는데, 갑자기 번역서가 출판되면 중국 의술밖에 모르는 의사들이 오란다설이 좋은지 나쁜지도 모른 채 이단으로 비난해, 큰 소동을 빚을 것이 예상되기 때문에"《겐파쿠 회고록》 그같은 사태를 미리 방지하기 위해 먼저 이른바 히키후다를 만들어 보자는 것이었다.

료타쿠는 겐파쿠의 제안이 심히 불쾌했다. 고심참담의 노력 끝에 이룬 신성한 학문적 성과를 상품선전용 전단으로 사용하자는 제안이 그의 비위를 몹시 거슬리게 한 것이다.

이에 겐파쿠는 몇 년 전 네덜란드에 관한 이야기를 다룬《홍모담》이란 책이 발금 조치를 당하고 저자가 문책당한 사실을 일동에게 상기시키면서,《타펠 아나토미아》번역서가 같은 조치를 당할지 아닐지를 알아보기 위해 먼저 해부도만을 따로 떼 내 출간해 막부의 반응을 살펴보는 것이 득책得策이라고 강조했다. 해부도 출간이 막부의 반응을 떠보기 위함이라는 설명에, 거기까지는 미처 생각하지 못한 료타쿠도 고개를 끄떡이며 새삼 겐파쿠의 용의주도함에 감탄했다.

겐파쿠는 한 걸음 더 나아가 해부도를 먼저 출간해 혹시 막부로부터 책임을 추궁당할 때의 대처 방안도 세워 놓고 있었다. 해부도 출간을 자신이 제안한 만큼 만일의 경우, '오바마 번의 시의'로서 자신이 책임을 지겠다며, 번주에게도 사전에 양해를 얻어 놓겠다고 했다. 나아가 혹시 해부도 출간 후 막부로부터 문책을 당하면 오바마 번이 한 일로 국한시켜, 다른 번 출신인 료타쿠와 호슈에겐 누가 미치지 않도록 하겠다고 했다. 겐파쿠와 같은 오바마 번 시의인 준안은 자신도 간행자 이름에 포함시켜 달라고 했다. 겐파쿠 등은 양해했다. 료타쿠는 겐파쿠의 치밀함에 새삼 놀라면서, 만일의 경우 전적으로 자신이 책임을 지려는 용기에는 경의를 표하는 심정이 됐다. 그는 겐파쿠가 상품 선전과 같은 히키후다를 만들자는 말에 처음엔 불쾌했으나, 상황을 판단하는 겐파쿠의 통찰력과 용의주도하게 일을 추진해 나가는 수완에 다시 한 번 놀랐다.

선전용 해부도 출간을 위한 준비는 겐파쿠를 중심으로 급속히 진행됐다. 책임자는 겐파쿠와 준안으로 하고, 해부도를 모사하는 일은 그들과 같은 오바마 번 출신 처사處士 구마가야 요시카쓰熊谷儀克에게 맡기기로 했다. 그리고 겐파쿠의 제자인 아리사카 기케이有阪其馨에게 발간 실무를 맡겼다. 아리사카는 겐파쿠가 무명이던 시절부터 그의 눈에 들어 겐파쿠가 운영하는 사숙인 스기타주쿠杉田塾 최초의 문하생이 되었고, 스기타주쿠에서 가장 중추적인 역할을 하고 있었다. 오바마번과 겐파쿠의 문하생이 간행 책임을 지고 일을 추진하는 체제가 된 것이다.

이에 겐파쿠 등은 간행하려는 해부도의 명칭을 무엇으로 할지를 논의했는데, 그보다는 《타펠 아나토미아》 번역서의 이름부터 정하는 것이 우선이라는 데 의견을 모았다.

《타펠 아나토미아》는 인체 각 부분의 가능을 설명하고 해부도가 첨부된 의학서이므로 '해체解體'라는 용어를 사용하는 것이 원서의 내용에 부합되고, 일본엔 새롭게 소개되는 학설이므로 '신서新書'라는 말을 붙이는 것이 좋겠다는 데 모두가 동의했다. 그래서 책 이름을 《해체신서解體新書》로 정했다.

이에 따라 선전용 책자의 이름은 《해체약도解體約圖》로 쉽게 결정됐다. 겐파쿠는 《타펠 아나토미아》 해부도를 중심으로, 그 밖의 다른 서양 의학서에 실린 인체도도 가미한 《해체약도》의 그림과 원고를, 아리사카를 시켜 당시 에도에서 가장 큰 인쇄소인 스하라야須原屋에 맡겼다. 이때가 1772년 말이었다.

에도시대는 출판 문화가 활짝 꽃을 피웠다. 처음에는 중국, 일본 고전이나 불교 관련 책이 주였다. 이 책들은 학자나 승려, 의사 등 지식인을 상대로 한 출판물이었으나 17세기 말에 이르자 엄청난 대중용 통속 출판물이 출현한다. 통속 소설을 비롯해 도시 안내서, 서민 교육용 교양서, 각종 취미서, 화집에다 춘화집에 이르기까지 대중서들이 베스트셀러가 됐다. 특히 저명 화가가 적나라하게 그린 춘화가 큰 인기를 끌어, 막부가 몇 차례나 풍속 단속 차원에서 춘화 제작, 판매 금지에 나서기도 했지만 왕성한 수요를 막지 못하고 결국 흐지부지되었다. 이는 독자의 중심이 지식인층에서 서민들로 옮겨 갔으며, 또 당시 많은 일본인들이 책을 읽고, 이해하는 지적 성숙을 이루고 있었다는 사실을 말해 준다.

당시엔 책뿐만 아니라 기와나 나무판에 간단한 소식을 인쇄한 대중 신문이라 할 수 있는 가와라반瓦版, 연극이나 스모 등의 진행 목록을 인쇄한 반즈케番付, 정교한 판화인 우키요에浮世繪 등 다채로운 출판물이 나오면서 출판 문화는 한층 발전해 갔다.

17세기, 출판의 중심이던 교토에는 출판사 70~80곳이 있었고, 이 출판사들은 신간을 연평균 170권 정도 발행했다고 한다. 이는 연평균 신간을 30권 정도 발행하던 50년 전과 비교하면 여섯 배에 가까운 성장이었다. 17세기 중반에는 오사카로, 18세기에는 에도와 비교적 규모가 큰 각 번의 중심지로 출판업이 퍼져 나갔다. 이 시기 베스트셀러는 수천 부에서 만 부 가까이 팔리기도 했다.

《해체약도》 간행

1773년 정월, 《해체약도》가 간행됐다. 료타쿠 등이 번역을 결의한 지 1년 11개월 만이다. 표지엔 《解體約圖 全》이란 큰 제목이 가운데 쓰여 있고, 왼쪽에 《解體新書 全五冊》이란 문구로 본편 출간을 예고했다. 첫 번째 장은 서문이랄 수 있는 취의趣意란 제목으로 '오란다의 인체 해부서 《타펠 아나토미아》의 번역을 마쳐, 그것을 《해체신서》로 간행할 예정이며, 그에 앞서 《해체약도》를 발행하는 바이다. 오란다인의 책은 인체의 모든 부분을 자세히 나누어 설명하고 각각 분리해 그림으로 표시하고 있다. 그 자세함은 중국인이 아직까지 설명하지 못하는 분야에까지 이르고 있다. 이같은 설명이나 그림은 《해체신서》에 실려 있다 ……《해체신서》를 보시려는 분들을 위해서 그 대략을 알려 드리는 바이다'라고 돼 있다. 그 옆엔 '若狹 侍醫 杉田玄白翼 誌'등 번역과 도안을 한 세 명의 이름이 나란히 적혀 있다. 이어 장부臟腑, 맥락脈絡, 골절骨節로 이름 붙인 해부도 세 장과 간단한 해설인 해설解說과 간기刊記 등 표지를 포함해 모두 여섯

《해체약도》의 표지. 왼쪽에 《해체신서》 5책이 출간될 예정이라는 설명이 쓰여 있다

§

4장 출간_수완을 발휘한 겐파쿠

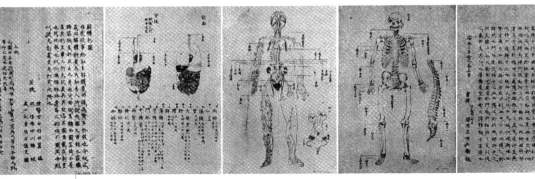

○ 왼쪽부터 《해체약도》의 취의, 장부, 맥락, 골절, 해설과 간기의 각 부분

장으로 돼 있다.

《해체약도》가 발간되자 겐파쿠 등은 숨을 죽이고, 막부와 의사 등의 반응을 살폈다. 특히 막부의 태도가 가장 신경 쓰였다. 몇 년 전 《홍모담》과는 성격이 크게 다른 출판이라 문제가 될 리 없을 만도 했다. 그러나 안심할 수는 없었다.

이들의 염려와는 달리 막부에서는 별다른 움직임이 없었고, 한방의를 비롯한 세간에서도 이렇다 할 부정적 반응은 없었다. 오히려 호평을 받은 것 같다. 이 무렵 겐파쿠의 일기에 무명인 자신에게 많은 손님이 찾아와 무척 바쁜 나날을 보냈다는 대목이 있는 것이 그같은 사실을 말해 준다. 또 《해체약도》를 붓으로 필사한 것이 현존하고 있다는 사실은 당초 발간 부수가 얼마 되지 않았고, 그 때문에 책이 필요해 필사한 사람이 있었다는 것을 뜻한다.

겐파쿠는 《해체약도》가 발간된 지 몇 달 후인 1773년 5월 결혼했다. 41세 만혼이었다. 결혼 전까지는 여동생이 겐파쿠를 보살폈다. 하지만 병약한 체질 탓에 그는 당시 시력도 나빠지는 등 건강에 문제가 있었다. 이때 결혼을 해 안정을 취하는 것이 좋겠다는 주위의 권유도 있고 해서 결혼을 결심한 것 같다. 신부는 안도 도키에安東登惠였다. 《해체약도》 출간의 실무를 맡은 아리사카의 먼 친척이었다. 결혼할 때 스물여덟 살로 겐파쿠보다 열두 살이나 어렸다. 그녀는 기쓰레가와 번喜連川藩(지금의 도치기 현栃木縣) 번사藩士의 딸로 에도에서 태어났으나 어려서 부모를 잃고 불우한 환경에서 자랐다. 열아홉 때부터 오즈 번大洲藩(지금의 에히메 현愛媛縣) 에도야시키에서 번주의 어머니를 시중드는 일을 하다 결혼하면서 그만두었다. 유순하고 현명한 주부로 겐파쿠를 잘 내조했다고 기록은 전한다.

《해체신서》 역자 이름 기재를 거부한 료타쿠

《해체약도》 출간 이후 별다른 문제가 일어나지 않음을 확인한 겐파쿠 등은 《해체신서》 1차 번역 원고를 가다듬고, 교정하는 작업을 서둘렀다. 번역을 처음 시작할 때부터 함께한 료타쿠, 준안, 호슈 이외에 겐파쿠의 문하생인 아리사카를 비롯해 이시카와 겐조石川玄常, 구마가야 겐쇼熊谷元章 등이 교정을 도와주려 새로 참여했다. 이들은 열한 차례에 걸쳐 퇴고와 교정 작업을 했다. 번역 작업이 막바지에 이르자, 겐파쿠는 혹시 출간 후에 일어날지 모르는 불의의 사태에 대한 책임은 모두 자신이 진다는 각오를 다시 한 번 했다. 그러나 사상 첫 서양 책 번역이란 명예는 당연히 번역 작업에 동참한 동료들이 나눠 가져야 한다고 생각했다.

특히 번역 모임의 맹주인 료타쿠에 대해서는 '료타쿠란 사람이 없었다면 난학의 길을 열지 못했을 것이다. 이 학문을 열게 된 천조天助의 하나는 료타쿠란 사람이 있었기 때문'《겐파쿠 회고록》이라고 할 정도로 감사해 하고 있었다. 그래서 겐파쿠는 번역 작업의 가장 큰 공로자인 료타쿠에게 《해체신서》의 앞머리를 장식할 서문을 써 달라고 부탁했다. 료타쿠가 당연히 응하리라고 생각했다. 그러나 뜻밖의 답이 돌아왔다. 료타쿠는 자신이 서문을 쓰지 않겠다고 할 뿐만 아니라 역자로서 이름을 올리는 것조차 거부했다. 겐파쿠의 거듭된 요청에도 그는 완강히 고사했다.

나가사키 유학을 갈 때 쓰쿠시築紫의 다자이후太宰府 덴만쿠天満宮에 들러 참배했다. 그때 오란다어 연찬研鑽을 깊게 할 수 있도록 해달라고 빌면서, 공부해서 얻은 지식을 결코 이름을 알리기 위해 사용치 않겠다. 혹 이 학업을 세상에 이름을 알리는 미끼로 사용하는 일이 있다면 신명神明은 이를 벌하소서라고 기원했기 때문이다.

료타쿠가 죽은 뒤 후학이 쓴 '마에노 란카 선생비前野蘭化先生碑'에 있는 내용이다. 그러나 겐파쿠의 회고록에는 이 부분이 없다. 왜 빠졌는지 이유를 정확히 알 수 없지만, 우선 여든셋의 고령이었던 그의 단순한 실수, 착각일 수도 있다. 그러나 겐파쿠가 회고록에 시시콜콜한 내용까지 다 기억해 언급하면서 료타쿠가 책에 이름 넣는 것을 거부했다는,《해체신서》출간에서 매우 중요한 의미를 지니는 이 대목이 없다는 것은 겐파쿠가 의도적으로 뺐을 가능성이 크다. 이미《해체신서》의 역자로 수십 년간 자신의 이름이 널리 알려진 만큼 굳이 료타쿠가 고사한 이야기까지 넣을 필요가 있겠는가라고 생각했을 수도 있다.

어쨌든《해체신서》역자로서 이름을 기재하는 것을 거부한 료타쿠의 뜻을 겐파쿠는 처음부터 번역 작업을 같이 해온 동료인 준안, 호슈에게 전했다. 이들은 겐파쿠에게 다시 한 번 료타쿠를 만나 간청해 보라고 권했다. 그러나 료타쿠는 완강했다. 끝내 허락지 않았다.

사실 료타쿠는 자신을 포함해 번역에 참가한 동료들의 변변치 않은 네덜란드어 실력으로 서둘러 번역해 출판하는 데 내심 불만이었다. 그동안 료타쿠는 번역은 어떻게든 됐다고 하지만 그 내용은 결코 만족할 만한 수준이 아니어서 출판은 시기상조라고 생각했다. 충분한 시간을 갖고 번역 작업에 만전을 기해, 완벽한 번역으로 출판해야 한다는 입장이었다. 말하자면 완벽하지 않은 책을 세상에 내놓는 것에 대해, 학자적 양심으로 부끄러워해 자신의 이름을 빼달라고 한 것이다. 본래 편협하고 비사교적인 성격에다 결벽, 완벽주의자인 료타쿠가 불충분한 번역인데도 역자로서 이름을 올리는 것은 세간에 이름을 알리려는 매명賣名으로 생각하고 거부한 것이다. 따라서 그가 겐파쿠에게 '신명에게 맹세' 운운한 것은 어디까지나 거절하는 구실에 불과했다.

이에 비해 겐파쿠는, 그 자신의 표현을 빌리자면 '에도에서 서쪽으로, 서쪽으로 가면 결국 교토에 도착한다는 것이 가장 중요하다'는 점을 알리기 위해서, 즉 '올바른 의학의 대강'만이라도 한시 바삐 일본 의사들에게 알리기 위한다는 일념으로 번역 출판을 서둘렀다. 그는 완벽한 번역보다는 하루라도 빨리 출판해 의사들이 서양 의학의 근본을 알아 환자들을 치료하는 데 도움을 주는 것이 급선무라는 입장이었다.

료타쿠가 서문 집필은 물론 역자로서 이름을 올리는 것조차 허용하지 않자 겐파쿠는 서문을 집필할 대타로 누구를 내세울까 고심하다 아이디어를 떠올렸다. 네덜란드어 번역인 만큼 나가사키의 통사, 그 가운데도 대통사를 내세우면 세상 사람들이 이 책을 더 믿어주리라 생각했다.

그래서 겐파쿠는 마침 이해 봄, 네덜란드 상관장 일행의 에도 산푸를 수행해 나가사키야에 머물고 있던 대통사 요시오 고자에몬吉雄幸左衛門(휘諱는 에이쇼永章)에게 서문을 청하기로 마음먹었다. 그는 나가사키의 대통사 가운데 실력이 가장 뛰어날 뿐 아니라 역대 나가사키 네덜란드 상관 근무 의사들과 친하게 지내며, 네덜란드 의술을 배워 상당히 이름이 알려진 오란다류 의사였다. 겐파쿠는 막부의 공식 역관이면서 오란다류 의술에도 조예가 깊은 요시오로부터 서문을 받는 것이 《해체신서》의 앞날에 여러모로 도움이 되리라 생각했다.

요시오와는 료타쿠가 친분이 두터웠다. 료타쿠는 몇 년 전 나가사키야에서 상관장을 수행해 에도에 온 요시오를 겐파쿠와 같이 찾아가 만난 적이 있었다. 또 료타쿠가 나가사키에 유학 갔을 때는 그로부터 직접 네덜란드어를 배웠기 때문이다. 겐파쿠는 료타쿠에게 서문 부탁을 해 주도록 부탁했다.

료타쿠는 겐파쿠의 제의를 승낙하고, 함께 요시오를 찾아가 정중히 서문 집필을 의뢰했다. 요시오도 쾌락했다. 요시오는 나가사키로 출발하기 전 장문의 《해체신서》 서문을 써서 료타쿠 등에게 전달했다.

올해 봄 다시 오란다인들과 동도東都(에도)에 오다. 마에 군前君(마에노 료타쿠), 역시 동호同好의 의관을 데리고 나를 방문하다. 관의官醫 스기 군杉君 겐파쿠(스기타 겐파쿠)라는 사람이다. 그들이 저술한 《해체신서》 원고를 나에게 꺼내 보여 줬다. 아, 쾌거를 이뤘구나. 천고 이래, 지금까지 두 사람(겐파쿠와 료타쿠) 같은 자 없었나니. 감동하여 저절로 눈물이 나도다 …… 두 사람 재배하며 말하기를 이것은 우리들의 공이 아니며 진실로 선생의 덕이 될 것이므로 감히 청하니, 선생의 한 말씀을 얻어 책머리에 실어 길이 영광으로 삼으려고 한다고 했다. 나는 감사의 말을 했고 …… 이에 내가 두 사람을 알게 된 연유를 적어 서문으로 삼는다.

안에이安永 2년 계사 춘삼월(원문은 한문)

阿蘭譯官西肥 吉雄永章撰

예나 지금이나 책의 서문은 저자의 업적에 찬사를 보내는 것이 통상적인데, 요시오도 서문에서 겐파쿠 등의 번역이 정확하고 상세하며, 번역을 조사해 보니 어느 한 곳도 잘못이 없다는 식으로 노고를 치켜세웠다. 그는 또 자신의 네덜란드 어학력이 두 사람보다 뒤떨어지는데도 명리名利를 얻고 있는 것을 부끄럽게 생각한다고 고백했다. 그건 그렇다 하더라도 겐파쿠 등이 몇 년에 걸쳐 번역한 작업을 그가 에도에 머무르는 불과 며칠 동안 읽어 보고 번역이 제대로 됐는지를 비교, 검토할 수 있었겠는가 하는 후세의 지적도 있다.

한편《해체약도》를 발간할 때 사용한 그림은 겐파쿠와 같은 번 출신 구마가야가 그렸으나《해체신서》는 아키타 번秋田藩(지금의 아키타 현)의 대표적 서양풍 화가인 오다노 나오타케小田野直武가 맡았다. 오다노는 앞서 언급한 겐파쿠의 친구인 히라가 겐나이에게 서양화를 배운 화가였다. 오다노가 그린《해체신서》의 해부도는 겐파쿠 등이 생각보다 많은 원서를 참고로 했음을 잘 보여 준다. 예를 들면 해체도의 표지 그림은《타펠 아나토미아》의 표지와 닮은 것 같으면서도 닮지 않은 부분도 있다. 오히려《해체신서》의 표지화는 1566, 1568, 1614년도에 각각 벨기에 앤트워프에서 출간된 스페인 해부학자 후안 와르엘더Juan Valverda de Hamusco의 해부서 표지화와 비슷하다.

《해체신서》, 드디어 출간

　　　　　　　　겐파쿠는 서문과 해부도 등이 모두 준비됐기 때문에 본문 원고를 인쇄소에 넘겨 출판을 서둘렀다. 료타쿠를 제외한 번역 작업에 참가한 동료들의 이름을 책에 표기하는 방안도 정해졌다. 츨간된 《해체신서》 각 권의 제일 앞쪽에는 역자 등이 다음과 같이 소개돼 있다.

　　　若狹 杉田玄白翼 譯
　日本 同蕃 中川淳庵鱗 校
　　　東都 石川玄常世通 參
　官醫 東都 桂川甫周世民 閱

　　겐파쿠 등이 번역 작업에서 역할을 '역譯', '교校', '참參', '열閱'로 구분해 일을 한 것은 아니지만 출판에선 책임과 그에 따른 영예를 분명히 해놓은 것이다. 즉 와카사 번 출신 겐파쿠가 번역의 책임을, 같은 번 출신 준안은 퇴고 · 교정을, 에도를 뜻하는 동도東都 출신 겐조는 참여를, 역시 에도 출신 관의 호슈는 책의 내용을 열람 · 숙지했다는 뜻이다. 특히 번역자 넷의 출신 번 앞에 '日本'이라고 명기한 것은 나름대로 깊이 생각하고 멀리 내다보는 '심고원려深考遠慮'의 의미를 가지고 있다. 중국인들도 모르는 서양 의학서를 일본이 번역해 세상에 내

《해체신서》각 권의 제일 앞부분에
소개된 역자 등의 이름. 마에노 료타쿠
의 이름은 빠져 있다

는 바이니, 중국인들도 일본어 번역이라지만 사실은 한문 번역인 이 책을 통해 서양 의학을 배우기 바란다는 뜻을 담은 것이다. 한편 료타쿠의 이름은 빠져 있다.

어쨌든 '譯官 吉雄永章'가 서문을 쓰고, 대대로 막부의 고위 의관을 지낸 명의 집안 출신 '官醫 桂川甫周'가 20대 초반의 젊은 나이에 《해체신서》의 권두에 이름을 올린 것은, 책을 세상에 내놓는 데 긍정적으로 작용하는 요소였다.

1774년 8월, 인쇄 제본이 끝나고 5책(본문 4책, 부속도 1책), 총 95매의 《해체신서》가 드디어 출간됐다.

1771년 3월 형장에서 인체 해부를 처음 본 뒤, 알파벳도 모른 채 서양 해부서를 번역해 보자는 '무모한 결의'를 한 이래 번역의 정확성 여부는 차치하더라도, 약 3년 반 만에 결실을 본 셈이다. 겐파쿠 등은 감개무량했다. 이처럼 난해한 의학 서적을 번역한 데는 어학 실력은 형편없지만 한 사람보다는 여러 사람이 공동으로 작업했다는 것이 크게 도움이 되었다. 또 모두 의사인 이들의 지식과 추론에 더해 겐파쿠가 제안한, 해독이 불가능한 부분은 남겨 두고 일단 넘어가는 번역 방법 등이 작업의 효율을 높이고, 결점을 보완해 주는 효과를 냈다고 할 수 있다. 즉 학문적으로 비상한 능력을 가진 료타쿠가 번역을 주도하고, 기민한 판단력과 추진력을 가진 겐파쿠가 일의 진행을 맡아 장점은 살리고, 단점은 보완해 주는 역할을 했기 때문에 이같은 작업이 가능했다고 할 수 있겠다.

이들이 만약 《타펠 아나토미아》의 본문 외에 소문자로 된 주석까지 해석하려고 했다면 3년 반이 아니라 두 배 또는 10년 이상이 걸렸을지 모르고, 중간에 포기했을지도 모른다. 그런 점에서 본문만을 번역하려한 겐파쿠 등의 판단과 기획이 적절했다고 할 수 있다. 당시 일본 의학계 수준에서 서양 의학의 기본인 해부학을 알리기 위해서는 본문과 해부도만으로 충분했다고 할 수 있다.

그리고 무엇보다 서양 인체 해부서를 반드시 일본어로 번역해야겠다는 이들의 사명감과 무서운 집념이 불가능에 가까운 번역을, 그것도 단기간에 끝내는 원동력이 됐다고 하겠다.

그러나 불요불굴不撓不屈의 정신력으로 마침내 번역을 해냈다는 기쁨도 잠깐이었

《해체신서》 표지화(위)와 1614년 앤트워프에서 출간된 스페인 해부학자 후안 와르엘더의 해부서 표지화(아래)

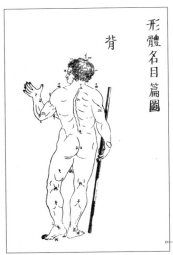

다. 여전히 막부가 국책으로 금지하고 있는 서양서 출간 금지령이 걱정이었다. 만약 막부의 금지령에 저촉된다면 책은 몰수되고 관련자들의 처벌은 불가피했다. 겐파쿠는 이때 '극심한 공포'마저 느꼈다고 했다. 그러나 서양 문자를 그대로 출간하는 것이 아닌 만큼, 누구라도 《해체신서》를 읽어 보면 그 내용과 진의를 알 것이라고 그는 생각했다. 겐파쿠는 '우리(일본) 의도醫道의 발명'을 위한 번역 사업의 첫 성과물인 《해체신서》를 먼저 막부 최고 권력자인 쇼군에게 헌상한다는, 대담한 (?) 발상을 하고 실행에 옮겼다. 쇼군이 문제 삼지 않으면 그 아랫사람들도 문제 삼지 않으리라 생각해서다.

다행히 처음부터 번역을 같이한 호슈의 아버지 호산이 겐파쿠와는 오랜 친구 사이에다가 막부 고위 의관인 호겐으로 쇼군의 지근거리에서 근무하고 있었다. 겐파쿠는 쇼군에게 헌상하는 일을 호산에게 부탁했다. 당시는 제10대 쇼군 도쿠가와 이에하루의 치세였다. 호산은 아들이 초기부터 번역에 참가하고 있는데다 이 번역이 가지는 의미를 잘 이해하고 있는 터라 쾌락했다. 그는 내밀히 움직여 쇼군에게 《해체신서》를 헌상하는 데 성공했다. 《해체신서》를 받아 본 쇼군으로부터 부정적 반응은 없었다. 쇼군이 문제 삼지 않는다는 것은 겐파쿠 등에게 다행이고 경축할 만한 일이었다. 그리고 겐파쿠는 앞서 언급한 막부의 실력자 다누마를 비롯한 여섯 로주에게도 한 부씩 보냈다.

도쿠가와 막부는 1603년 출범 후 정치·행정 등을 완전히 장악해 조정은 무의미한 존재에 지나지 않았다. 천황은 정식 명칭이 정이대장군征夷大將軍인 쇼군을 형식상 임명했지만, 아무런 정치적 힘을 갖지 못한 채 교토의 작은 궁에서 생활했다.

이처럼 힘없는 조정이지만, 용의주도한 겐파쿠는 조정대신인 공경公卿들에게도 책을 보내는 것이 득책이라고 판단했다. 겐파쿠는 교토에 살고 있는 사촌동생 요시무라 신세키吉村辰碩를 통해 당시 간파쿠關白(조정의 가장 높은 대신)인 고노에 우치사키近衛內前 등 세 대신에게 은밀히 한 부씩을 증정했다. 이들도 아무런 이의를 제기하지 않았다. 오히려 답례로 칠언절구의 시가 등을 보내 주었다. 이처럼 겐파쿠가 보낸 《해체신서》에 대해 쇼군을 비롯해 어느 누구도 문제 삼지 않았다.

겐파쿠의 주도면밀하고 기민한 대응이 주효한 셈이다. 이는 대부

에도시대 일본에 수입된 서양 물품. 오른쪽엔 사진기, 시계가 왼쪽엔 유리병, 포크, 나이프, 스푼 등이 보인다

분 한방의인 막부에 소속된 관의를 비롯해 교토의 궁중, 공가公家에 딸린 의관들로부터 예상되는 비난과 마찰도 사전에 예방, 차단하려는 의미도 포함된다. 이에 겐파쿠 등은《해체신서》발간이 문제가 되지 않겠다고 자신하면서 안도했다.

이처럼《해체신서》가 출판돼 무사히 세상에 알려지게 된 것은 겐파쿠의 용의주도한 정지整地작업으로, 막부로부터 금서로 지정당하는 '화'를 면했기 때문이다. 게다가 당시는 170여 년간 전란 없이 태평성대가 계속되는 가운데 서양 책이나 물건을 갖고 싶어 하는 시대로 변화하던, 겐파쿠의 표현을 빌리면 '화미번화華美繁華의 시대'였다는 시대적 배경도 작용했다.

《해체신서》가 몇 부나 출간됐는지에 대한 정확한 기록은 없다. 당시 출판 사정을 감안해 유추해 볼 수밖에 없다. 일본에 금속활자를 이용하는 인쇄기법이 전해진 것은 임진왜란 때 포로로 일본에 끌려간 조선 기술자들에 의해서였다. 활자 인쇄는 목판 인쇄보다 훨씬 선명하고 우수한 기법이었다. 에도시대 초기에는 선명한 활자 인쇄와 우아한 장정 등 고급 서적이 많이 출판되었다. 그러나 출판 대중화의 물결 속에 활자 인쇄는 선명하지는 못하더라도 많이 찍을 수 있는 목판 인쇄에 자리를 양보해 주고 밀려났다. 당시 활자 인쇄로는 출판 부수가 겨우 수십 부 정도였기 때문이다. 목판 인쇄도 통상 초판은 200~300부에 지나지 않았지만 활자 인쇄에 비하면 훨씬 많았다. 따라서 겐파쿠 등이 막부의 눈치를 보면서 불안해하는 가운데 출간한 《해체신서》도 많아야 수백 부였을 것으로 추정된다.

한방의들의 거센 비난

《해체신서》가 출간되자 이른바 '오란다류 의사' 가운데 일부는 서양 의술의 정확성과 실증성에 감탄하며 크게 환영했다. 그러나 그 수는 극히 적었다. 예상한 대로 한방의漢方醫들의 반발과 비난이 거세게 일어났다. 출간 1년도 지나지 않는 동안 고루하고 완고한 한방의들, 특히 에도의 한방의들로부터 격렬한 비판과 근거 없는 악평이 쏟아졌다.

1775년 난학에 거부감을 가지고 있던 한 의사는 겐파쿠에게 다음과 같은 편지를 보내기도 했다.

여보세요. 조선과 琉球류큐(지금의 오키나와 현沖繩縣)는 중국이 아니지만 적어도 중국과 동일한 중국 성인의 가르침을 받았습니다. 당신이 가르치는 의학은 중국에서 9천 리나 떨어진 서북쪽 변방의 나라에서 온 것입니다. 이들 나라의 말은 중국과 다르고 이들 나라는 성인에 대해 아무것도 모릅니다. 이 나라들은 야만인의 나라 중 가장 멀리 있습니다. 저들의 가르침이 도대체 우리에게 무슨 도움이 된다는 말입니까?

겐파쿠는 다음과 같은 요지의 답장을 보냈다.

중국인이 야만인에 대해 공공연히 경멸을 표하는 것은 상관없지만 현재 중국을 지배하고 있는 것도 다름 아닌 야만인 만주족임을 주목하기 바란다. 더 중요한 것은 이 세상 사람들은 다 마찬가지며 중국 자체는 사해四海 가운데 동방의 바다에 위치한 한 나라에 불과하다. 진정한 의학 지식은 몇몇 사람의 지혜보다는 좀 더 보편적인 근거에 기초해야 한다. 실험은 해부에 대한 성인들의 생각이 옳지 않은 것을 증명했고, 따라서 네덜란드인이나 그들의 학문을 깊이 생각하지 않고 방기해 버릴 수는 없다고.

－ 마리우스 B. 잰슨 지음, 김우영 외 옮김, 《현대 일본을 찾아서 1》

겐파쿠가 쓴 《광의지언狂醫之言》에 따르면, 한방의 가운데는 겐파쿠를 가리켜 '기이한 것만을 좋아해 성현의 책을 의심하고 오랑캐의 책을 믿어 지금까지 전해 온 법을 어지럽게 하려 하고 있다'고 비난하거나, '저런 쓰잘데기 없고 형편없는 자, 의사들의 적이라고도 할 수 있는 자' 등으로 악질적 인신공격을 가하는 사람도 있었다.

겐파쿠는 앞서 한방의에게 보낸 답장의 취지와 비슷한 내용으로, 자신과 난학에 대한 비판과 비난을 반박하는 책을 준비했다. 《해체신서》 출판 다음 해인 1775년 10월에 펴낸 《광의지언》이란 책이다. 겐파쿠의 양아들 하쿠겐伯元이 간행하려 한 이 책은 '《광의지언》, 화한和漢(일본과 중국) 고금의 의설을 간파해 서의西醫의 설에 의해 의도醫道를 바로잡는다. 근각近刻'이라고 선전했다. 그러나 실제로는 이유를 알 수 없지만, 간행되지 않았다. 그 대신 겐파쿠가 저술한 직후부터 이 책을 베껴 쓴 것들이 유포됐다.

《광의지언》은 겐파쿠와 한방의 친구가 나누는 문답체 형식이다. 실험, 실증을 중시하는 네덜란드류 의학을 신봉하는 겐파쿠가 공리, 공론에 젖어 있는 한방의학자들에게 실례를 들어 가며 이론적으로 반박하는 내용이다.

《해체신서》 발간 후 난학이 발달하면서 네덜란드 의학을 신봉하는 의사들을 난방의蘭方醫로 부르기 시작했다.

겐파쿠는 1769년, 아버지의 뒤를 이어 오바마 번 시의가 되었고 신오하시 부근에 있던 나카야시키 관사에 살고 있었다. 이 관사를 겐파쿠는 '텐신로天眞樓'라고 이름 지었고 이곳에서 《해체신서》 원고를 정리하고, 《광의지언》을 집필했다. 그래서 《해체신서》 표지 밑에 '天眞樓'라는 글씨가 적혀 있다. 또 겐파쿠는 이곳에서 문하생들을 가르쳤는데, 이 사숙을 '텐신로주쿠天眞樓塾'라고 불렀다.

겐파쿠는 44세가 된 1776년, 오바마 번의 나카야시키를 나와 인근의 하마초濱町에 집을 구해 이사했다.

겐파쿠는 《해체신서》 출간 이후 세간의 혹독한 비난, 혹평과 싸우는 한편 서양 의학서 번역 작업 등을 계속해 나갔다. 그는 하마초로 이사한 후 18세기 독일의 저명한 외과의인 로렌츠 하이스터Lorenz Heister(1683~1758)의 《슈루제인》(외과 치술)이란 외과서 번역에 박차를 가하는 한편 의학 처방, 약물 조사 연구도 병행했다. 《해체신서》 출간 이후 세간의 비난을 극복해 나가기 위해서는 《타펠 아나토미아》보다 더 상세한 하이스터의 외과서를 번역하는 것이 필요하다고 판단했기 때문이다.

겐파쿠는 1777년경 하이스터의 외과서 번역 작업을 끝마치고 《대서양의서大西瘍醫書》란 제목의 책으로 만들었다. 이 책〈券三〉의 사본 한 권이 현존한다. 겐파쿠의 초고본을 필사한 것으로 추정된다. 이 책은 다음과 같은 내용으로 돼 있다.

§
일본 난학의 개척자, 스기타 겐파쿠

하체상편下體傷篇 제4 5조條

복상편腹傷篇 제5 16조

장상편腸傷篇 제6 5조

단장편斷腸篇 제7 4조

장망장출편腸網脹出篇 제8 4조

하체상총론편下體傷總論篇 제9 1조

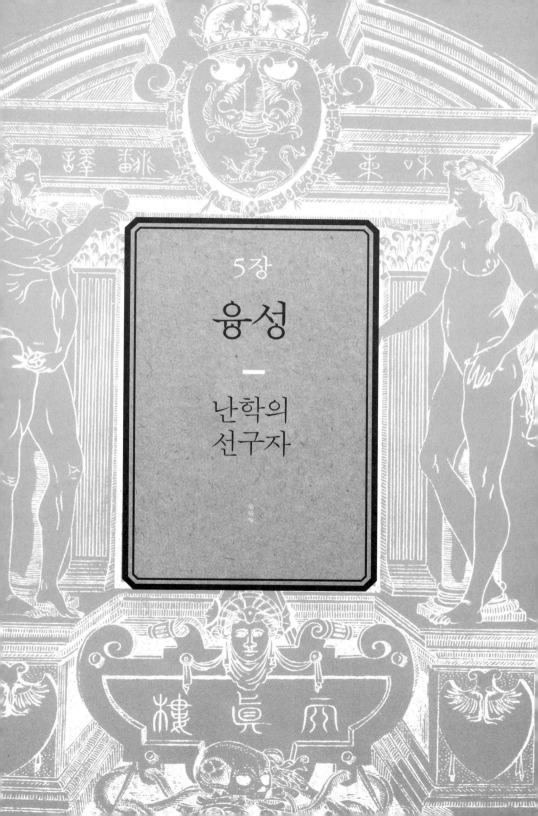

5장

융성

—

난학의
선구자

∴

난학의 후계자들

　　　　　　스기타 겐파쿠杉田玄白가 한창《해체신서》번역
작업에 몰두하고 있을 때 중국 의학에 의문을 품고 서양 의학서의 번
역 필요성을 절감하던 한 지방 의사가 있었다. 그는 겐파쿠보다 20세
연장이었지만 두 사람은 편지를 주고받으며 뜻이 통하는 동지이자, 절
친한 친구가 됐다.

《해체신서》가 출판되기 조금 전의 일이다. 이치노세키 번一の關藩(지금의 이와
테 현岩手縣) 의관 다케베 세이안建部淸庵이란 사람이 멀리서 내 이름을 전해
듣고 자신이 진료하면서 품고 있던 의문을 전해 온 일이 있다. 우리가 종사하
고 있는 의업에 대한 논의는 감복할 만한 내용이 많았다. 그때까지 우리는 서
로 모르는 사이였으나, 나와는 완전히 동지 같았다. 그 편지엔 이런 내용이 들
어 있었다. 지금까지의 오란다류 외과라는 것은 가타가나로 표기해 의술을 전

스기타 겐파쿠의 수제자로, 후일 난학자로 대성한 오쓰키 겐타쿠

하는 방식일 뿐인데, 이는 정말 유감스러운 일이다. 우리나라에도 지식 있는 사람이 나와 옛적 중국에서 불교 경전을 번역했듯이 오란다 책도 일본어로 번역하면 본격적인 오란다 의술을 완성하는 것이 될 것이다. …… 그는 이런 생각을 20여 년 전부터 줄곧 해 왔다고 했다.

이같은 견식은 실로 감복해 마지않을 일이었다. 놀랄 만큼 높은 견식을 가진 분과 만나게 되어 기쁘며, 우리가 알게 된 것은 실로 천재일우의 기회라고 답장을 했다. 그 뒤 편지를 끊임없이 주고받았고, 그 인연으로 여러 일이 있었다.

－《겐파쿠 회고록》

둘 사이에 일어난 '여러 일'은 난학의 발전과 두 사람의 자식 간 결혼 등을 말한다. 《해체신서》 출간 후 4년째 접어든 1778년경, 다케베가 겐파쿠에게 문하생 두 사람을 차례로 보냈다. 한 사람은 다케베의 셋째 아들이었고, 다른 한 사람은 다케베의 문하생 오쓰키 겐타쿠大槻玄澤(이하 겐타쿠)였다. 이를 계기로 다케베의 다섯째 아들이 겐파쿠의 양자가 돼 겐파쿠의 큰딸과 결혼하고, 겐타쿠는 겐파쿠의 문하생 가운데 수제자가 되어 가장 중심적 역할을 맡는다. 겐타쿠는 다재다능한 사람이었던 것 같다. 겐파쿠는 다음과 같이 회고했다.

전술한 바 있는 다케베 세이안 씨는 나보다 스무 살이나 많은 노인으로 이상한 인연으로 편지를 주고받게 됐는데, 내 답장을 보고 참으로 기쁘다면서 자신은 나이가 들어 에도에 갈 수 없다며 아들인 료사쿠亮策를 내 문하에 보냈다. 이어 자신의 문하생이던 오쓰키 겐타쿠도 에도에 보내 역시 내 문하에 들어왔다. 겐타쿠란 사람을 보자면, 무엇을 배우는 데는 자신이 실제로 보지 않으면 인정하지 않고, 마음속에 납득이 되지 않는 경우는 말하지도, 쓰지도 않았다. 기氣가 크고, 강하다고 할 수 없지만. 만사를 들떠서 하는 것을 좋아하지 않는 성격으로 오란다 학문을 공부하는 데는 더없이 적합한, 타고난 재능을 가진 사람이었다. 나는 겐타쿠의 사람됨과 재능을 사랑해 나름대로 열심히 지도했고, 직접 료타쿠 옹에게도 부탁해 난학을 공부하게 했더니 과연 정말 열심히 공부했다. 료타쿠도 그의 인물됨을 알아보고 난학의 정수를 전했다. 얼마 지나지 않아 겐타쿠는 오란다어 책을 어느 정도 이해하는 요령을 알게 됐다.

-《겐파쿠 회고록》

지명知命의 나이인 50세가 된 1782년 겐파쿠에겐 아홉 살 된 아들과 딸 둘(여덟 살, 한 살)이 있었다. 그러나 하나밖에 없는 아들은 겐파쿠를 닮아 병약했다. 그래서 장남에게 가업을 맡길 수 없을지 모른다는 걱정이 겐파쿠의 마음을 어둡게 했다.

겐파쿠의 문하생이 된 료사쿠와 겐타쿠는 네덜란드어를 열심히 배우고 난방류 의학을 공부하는 등 난학 공부에 몰두했다. 겐파쿠는 자신의 건강 상태와 나이, 장남의 허약한 체질 등을 감안해 양자를 들여야겠다고 생각했다. 양자로 마음에 둔 사람은 다름 아닌 다케베의 다섯째 아들 쓰토무勤였다. 그는 료사쿠의 동생으로, 당시 열여덟 살이었다.

료사쿠가 겐파쿠 밑에서 3년간 학업을 끝내고 고향에 돌아갈 때 겐파쿠는 난학의 동지이며 친구인 다케베에게 편지를 보내 쓰토무를 자신의 양자로 입적하는 것을 허락해 달라고 간청했다. 겐파쿠의 입적 요청을 수차례 고사하던 다케베가 마침내 허락하자 겐파쿠는 번의 동의를 얻어 쓰토무를 자신의 양자로 입적시켰다(1782). 그리고 이름도 다케베 쓰토무建部勤에서 스기타 하쿠겐杉田伯元으로 바꾸었다.

당시 조선에선 동성동본의 가까운 친척에게만 양자로 들어갈 수 있었으나 일본은 친척 관계가 아닌 타인 간에도 입양이 자유로웠다.

하쿠겐이 입적한 지 몇 달 후 다케베는 72세를 일기로 숨을 거두었다. 노쇠한 다케베가 에도를 방문한 적이 없고 공사다망한 겐파쿠가 그를 찾아간 일도 없어 두 사람은 한 번도 만나지 못했다. 오직 편지로만 내왕했다. 겐파쿠는 다케베의 아들 료사쿠가 자신의 문하로 들어올 때 가지고 온 다케베의 초상화를 봤을 뿐이다.

겐파쿠는 양아들 하쿠겐이 난방의 내과의사로서 성장하기를 바랐고 겐타쿠에겐 난방의 외과서 번역을 기대했다. 겐타쿠는 겐파쿠 외에 마에노 료타쿠에게도 네덜란드어 기초 교육을 받았고, 이를 바탕으로 네덜란드 책을 차례로 독파해 나갔다. 또 겐파쿠의 번역 동료인 준안, 호슈 그리고 후쿠치야마 번福知山藩(지금의 교토 부) 번주 구치키 마사쓰나朽木昌綱와도 교류하며 난학 공부에 박차를 가했다. 또 겐파쿠는 평소 친교가 있던, 교토에서 가장 유명한 한방의면서 난방 의학의 우수성을 인정하고 흥미를 갖고 있는 고이시 겐슌小石元俊에게 겐타쿠를 보내 한방 의학도 공부시키는 한편, 교토의 저명한 한학자 시바노 리츠잔紫野栗山의 문하생이 돼 한학의 소양도 쌓도록 했다. 이처럼 겐파쿠가 양아들에게 난학뿐만 아니라 한학, 한방 의학도 공부시킨 점을 보면 그의 학문적 태도와 방향이 편협하지 않았음을 짐작할 수 있다.

하쿠겐은 겐파쿠로부터 가업을 착실히 승계해 나갔고 어엿한 난방의로 성장해 번주를 모시는 시의(1783)가 됐다. 양아들의 입신출세는 겐파쿠에게도 큰 기쁨이었다. 그러나 병약한 장남이 다음해 요절하는 아픔도 있었다.

한편 하쿠겐이 시의가 된 해에 오쓰키 겐타쿠는 그동안 자신이 정리해 놓은 간단한 난학 입문서인 《난학계제蘭學階梯》라는 책을 저술했다. 또 이 무렵부터 여러 네덜란드 책에서 발췌한 것을 모아 번역한 《육물신지六物新誌》란 책도 집필하기 시작했다.

그리고 겐타쿠는 나가사키로 유학을 가 네덜란드어 통사로부터 직접 네덜란드어를 배우고 싶다는 포부를 겐파쿠에게 전했다. 겐파쿠와 료타쿠는 크게 기뻐하면서, "너는 젊으니까 나가사키에 갔다 오는 게 좋겠다. 난학을 열심히 배워 더 발전시켜 나가도록 하라"며 기꺼이 허락했다.

겐타쿠는 나가사키 유학을 결심했지만, 가난한 서생書生 처지라 유학 비용을 마련할 수 없었다. 겐파쿠도 도와주고 싶었지만 형편이 어려워 조금밖에 도움을 주지 못했다. 그러나 다행히 이전에 같이 난학을 공부한 적 있는 후쿠치야마 번주의 도움으로 그는 유학을 갈 수 있었다.

겐타쿠는 1785년 가을부터 다음해 봄까지 나가사키로 유학을 떠났다. 모토키 에이노신本木榮之進이란 통사 집에 기숙하며 네덜란드어 공부뿐만 아니라 네덜란드 상관장을 만나는 등 서양 문물도 열심히 배운 뒤 에도로 돌아왔다.

그 후로 그는 이치노세키 번의 허락을 받아 에도에 영주하면서 난학 연구에 매진한다. 그가 저술한 《육물신지》 출판(1787)에 이어 난학 입문서인 《난학계제》가 출판(1788)되자 난학에 뜻을 품고 공부하는 사람이 더욱 많아졌다. 겐파쿠는 회고록에서 "이런 사람이 나오고, 그런 책이 나오게 된 것도 나의 본뜻을 하늘이 도와준 것이 아닌가 생각한다"며 흐뭇해 했다.

사위가 된 양아들

1789년, 겐파쿠는 큰딸 오기扇를 양자 하쿠겐과 결혼시켰다. 그런데 겐파쿠는 자신의 문하에서 하쿠겐과 같이 난학을 공부하던 야스오카 겐신安岡玄眞을 눈여겨보고 있었다. 겐신의 우수함을 높이 평가해 그와 부자 관계를 맺고 자신의 집에 기숙하게 했다. 겐신은 겐파쿠가 소장하고 있는 네덜란드 책을 마음껏 보며 난학을 열심히 공부했다. 겐파쿠는 그를 둘째딸의 사윗감으로 생각했다. 그러나 겐신이 방탕한 생활을 하자 겐파쿠는 '자칫하면 주군님께 누를 끼칠지도 모른다'고 생각해 부자의 연을 끊었다. 이후 겐신이 정신을 차리고 다시 난학에 정진하자 자신의 문하에 출입하는 것을 허락한다.

오바마 번의로 근무하는 한편 일반인들을 상대로 마치의사, 즉 개업의를 겸하고 있던 겐파쿠는《해체신서》역자로서 이름이 세상에 널리 알려지면서, 어느새 에도에서 가장 유명한 외과의外科醫가 되었다. 그의 명성을 듣고 수많은 환자가 몰려들었고, 눈코 뜰 새 없이 바쁜 몸이 되었다. 본래 병약한데다 나이도 이미 오십을 바라보고 있어 개업의로 환자를 보면서, 하이스터 외과서 등을 번역하는 일은 무리였다.

오쓰키 겐타쿠는 스승 겐파쿠의 건강을 생각해 더 이상 무리하지 말고 몸을 돌보는 일이 우선이라고 간언했다. 겐파쿠는 겐타쿠에게 앞으로 자신을 대신해 '나의 일(난학)'의 지주가 돼, 양아들 하쿠겐을 도와 자신의 뜻을 이어 가 줄 것을 당부했다. 감격한 겐타쿠는 스승이 필생의 사업으로 여긴 네덜란드어 서적의 '편수집성지업編修集成之業', 즉 번역을 위해 모든 노력을 다하겠다고 다짐했다. 가장 먼저 결실을 본 것이 바로《육물신지》출판이었다.

사실 겐파쿠가 직접 하이스터 외과서 번역을 한 것은 두 편뿐이었고 나머지는 모두 겐타쿠와 양자 하쿠겐이 맡았다.《해체신서》의 증역

121

增譯도 겐타쿠에게 맡긴 상태였다. 겐타쿠는 스승의 명에 따라 작업을 계속해 1798년 《중정重訂 해체신서》 원고를 완성했고, 1826년에 드디어 열세 권짜리로 출간한다.

겐파쿠는 양자로 들인 하쿠겐에겐 집안을, 번역을 맡긴 겐타쿠에겐 문하를 주도해 나가는 체제를 만든 것이다. 그제서야 그는 안도할 수 있었다.

료타쿠와 겐파쿠의 합동 장수연

진료와 번역 그리고 문하생 지도에 여념이 없는 나날을 보내는 가운데 겐파쿠는 1792년, 환갑을 맞았다. 평생 병약했던 겐파쿠는 남다른 감회에 젖었다. 시, 문, 서, 화에 두루 다재다능한 겐파쿠는 인근에 사는 유명 화가와 교류하면서 그림도 배운 것 같다. 환갑을 기념해 직접 '백학도百鶴圖'를 그려 자식들에게 주었다. 이때 겐파쿠는 양아들 하쿠겐(28세) 외에 장녀 오기(19세), 차녀, 본처가 사망(1788)한 뒤 맞이한 후처와의 사이에 1남 2녀 등 자녀 다섯을 두었다. 타고난 병약한 체질치고는 상당히 많은 자식을 둔 셈이다.

겐파쿠가 환갑을 맞이한 해 열 살 연상인 료타쿠는 고희를 맞았다.

11월 2일, 후학들은 두 스승의 장수를 축하하는 합동 연회를 겐파쿠 집에서 열었다. 겐파쿠의 양자 하쿠겐이 이 수연壽宴의 주최자였고, 겐타쿠를 비롯해 겐파쿠의 문하생들이 모두 한자리에 모였다. 두 사람에게 배운 겐타쿠는 두 스승이 난학의 기틀을 다지고 번성시킨 노고를 치하하면서 장수를 빌었다.

겐파쿠가 환갑을 기념해 그린 '백학도百鶴圖'

이해 말 오바마 번 시의 하쿠겐은 외과에 이어 내과 진료까지 겸임하게 됐고, 겐파쿠도 번으로부터 받는 수입을 의미하는 고쿠다카石高가 220석으로 늘었다. 영진榮進이었다. 다음 해엔 하쿠겐과 오기 부부 사이에 아들이 태어났다. 겐파쿠에겐 첫 손자였다.

겐파쿠는 호를 '이사이鵝齋(일재)'라고 했고, 일기 쓰기를 게을리하지 않았다. 간단한 메모처럼 기록해 놓은 일기,《일재일록鵝齋日錄》은 그의 일상을 보여 주는 가장 좋은 자료다.

일기에 따르면 그는 한 달에 한 번씩 '병론회病論會'란 의학 모임을 열었다. 1787년, 처음 이 모임을 열었을 때 이름은 '산론회産論會'였으나 이후 '의자회醫者會', '의회醫會' 등으로 바뀌었다가 1789년부터 병

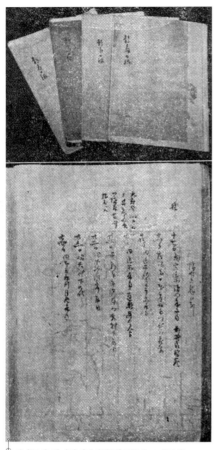

겐파쿠의 일기인 《일재일록》(위)과 료타쿠의
죽음을 기록해 놓은 부분

론회로 정착되었다. 오늘날 의학
학회 비슷한 연구 모임인 것 같다.
이 모임에 함께한 회원 이름은 불
명이나 겐파쿠의 일기에 기록돼
있는 회원은 십수 명에 이른다. 이
들이 모두 의사는 아니었고, 의사
라 해도 모두 난방류 의사는 아니
었다. 한방류 의사들도 포함돼 있
어 유파를 가리지 않고 의학에 관
해 토론하고, 지식을 교환했음을
알 수 있다.

다재다능하고 다방면에 취미를
가지고 있던 겐파쿠는 의학 모임
외에도 '물산회物産會' 또는 '도구
회道具會'처럼 의학에도 관련이 있
는 듯한 모임을 비롯해, 일본 전통
시를 논하는 '와카회和歌會', 일본의
정형시 단가短歌인 하이쿠俳口 동호
모임인 '하이회俳會', 군사에 관한
모임인 '군담회軍談會', '서화회書畵
會' 등 다양한 모임에 참여했다. 겐

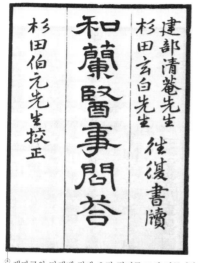

파쿠는 이처럼 여러 모임에 참가해 다양한 사람들과 교류하면서, 그 관계를 지속했다. 이는 그의 사교적이고 외향적인 성격과 처세술에서 비롯한다고 할 수 있다.

난학이 널리 퍼져나가면서 난학을 창시한 겐파쿠의 명성은 거의 신격화되기에 이른다. 겐파쿠 문하엔 저명한 난방류 의사와 난학을 배우려는 젊은 인재들이 전국에서 모여들었다. 1793년 말 또는 다음해 초 무렵, 겐파쿠의 제자들 사이에 다케베와 겐파쿠 간에 오간 난학, 서양 의술 관련 편지를 책으로 출판하는 것이 난학을 배우려는 후학들에게 크게 도움이 될 것이라는 이야기가 나왔다.

얼마 후 이 출판 계획은 하쿠겐과 겐타쿠를 중심으로 진행됐다. 우선 에도의 스기타가杉田家에 있는 다케베의 서한과 이치노세키의 다케베가建部家에 있는 겐파쿠의 서한을 모아 편집하는 일부터 시작했다. 그리고 책 이름을 《화란의사문답和蘭醫事問答》으로 정하고, 1795년 가을 상, 하 두 권으로 출판한다.

이 책에 출판의 경위, 범례 사항 등을 모은 '부언附言'에서 하쿠겐은 겐파쿠가 번역 사업을 자신과 겐타쿠에게 맡기고 있지만 '근시近時 선생의 업은 세상에 융행隆行'하고 있어 스기타주쿠, 즉 덴신로주쿠에는 '이를 따르려는 무리'와 '뜻을 같이하려는 자'가 나날이 증가하고 있다고 썼다.

겐파쿠의 문하생은 얼마나 됐을까? 1805년 출간된 겐파쿠의 《옥미증玉味噌》이라는 수필집에 문하생 수를 기록한 대목이 있다. 전국 38개 번에서 온 104명의 문하생이 난학을 공부하고 있는데, '불행히도 일찍 죽거나 중도에 포기해 이름을 지운 경우는 포함하지 않았다'고 했다. 실제 문하생이 더 많았다고 추정할 수 있다. 오늘날과 비교하자면, 첨단 의학을 가르치는 의학전문학교에 전국으로부터 학생들이 쇄도한 격이라고 할 수 있다.

덴신로주쿠의 교장은 난학을 배우려 몰려드는 많은 신입 문하생들에게 두 스승의 왕복 서한을 보여 주면서 난학 창시의 유래와 덴신로주쿠의 교육 방침 등을 가르쳤다. 말하자면 왕복 서한이 신입생 오리엔테이션 교재였던 셈이다. 그러나 두 사람의 왕복 서한이 신입생 교육 자료로 자주 쓰이면서 원본 파손, 분실과 필사할 때의 오류가 늘어

진의가 잘못 전해질 우려가 생겼다. 이를 방지하기 위해 겐파쿠의 문하생 중 장로격 제자들이 출판을 서두른 것이다.

이후 《화란의사문답》은 겐파쿠의 문하생뿐만 아니라 난방류 의사들에겐 필독서가 됐고, 겐파쿠는 난방류 의술 최고의 실력자, 권위자로 점차 외경의 대상이 돼 갔다.

돈과 명예를 한 몸에

《타펠 아나토미아》를 번역해 《해체신서》를 출간함으로써 난학이 발전하는 결정적 계기를 만든 번역 모임 멤버 중 스기타 겐파쿠, 가쓰라가와 호슈 등은 각각 사숙私塾을 열었다.

이들 사숙에서 난학을 배운 유능한 인재들이 또한 차례로 자신의 사숙을 열어 난학이 널리 퍼져나가는 데 기여하게 된다. 겐파쿠의 수제자인 오쓰키 겐타쿠는 에도 교바시京橋에 있는 자기 집 서재 이름을 시란도芝蘭堂로 짓고, 사숙 이름을 시란도주쿠芝蘭堂塾라고 했다. 초기부터 번역 모임에 참가했고, 뛰어난 재능을 가진 나카가와 준안은 1786년 48세를 일기로 죽었다.

난학이 흥융, 발전을 기하기 위해 겐파쿠 등은 자신들이 운영하는 사숙의 이해 관계를 넘어서 동지적 연대를 가지고 있었다. 이것이 《해

난학자들의 신년 축하 모임을 그린 '시란도신원회도'

체신서》 출간 후 난학에 흥미를 가지면서, 난학을 배우거나 발전을 지
원하는 광범위한 층을 형성하는 촉매 역할을 했다. 난학 모임엔 각 번
의 오쿠의사를 비롯해 번의, 동네 의사인 마치의사 등에다 서양 지리
학에 특히 관심이 많던 후쿠치야마 번주에 이르기까지 각계각층의 사
람들이 참여했다. 이같은 난학자들의 모습을 생생히 전해 주는 그림이
있다.

료타쿠, 겐파쿠 두 사람을 위한 합동 연회가 있은 지 2년 뒤인
1794년 음력 윤 11월 11일, 겐파쿠의 수제자 겐타쿠는 자신의 서재

인 시란도에서 신년회를 열었다. 이날은 양력으로 정확히 1795년 1월 1일이었고, 신년을 맞아 난학자들을 초청해 신년축하회인 이른바 '오란다정월正月' 연회를 개최한 것이다. 이 모습을 문하생이 그린 그림이 바로 '시란도신원회도芝蘭堂新元會圖'다. 오쓰키가大槻家에서 보관해 오다 지금은 와세다 대학 도서관에서 소장하고 있다.

그림 속에는 참석자 스물아홉 명이 식탁 세 곳에 빙 둘러앉아 있다. 식탁에는 안주가 준비돼 있는데 참석자들 앞에는 일본인들이 예나 지금이나 식사 때 사용하는 젓가락 대신 포크와 나이프, 와인글라스가 보인다. 서양 서적뿐만 아니라 서양 물건도 일본에서 인기를 끌던 당시, 서양 문물을 공부하는 난학자들의 회식 모임답다. 방 안 책장에는 양서 두 권이 보이고, 방 한가운데 벽에는 서양에서 '의학의 아버지'로 불리는 히포크라테스로 보이는 그림이 걸려 있다. 참석자 전원의 이름은 기록돼 있지 않으나 참석자 가운데 일부는 그림의 여백에 문장을 적어 놓았다. 주최자인 겐타쿠 이외에 하쿠겐, 우다가와 겐즈이宇田川玄隨 등 쟁쟁한 난학자들의 이름이 보인다. 겐타쿠는 매년 이 신년회를 개최했는데 겐파쿠도 초창기엔 연회에 모습을 보였다.

난학이 발전하면서 겐파쿠의 이름은 신분의 상하, 지역의 원근을 가리지 않고 널리 알려져 당시까지 일본 의사 가운데 가장 유명해졌다. 최첨단 의학을 전공하는 시대의 총아로, 일본 의학사상 전례가 없던 '유행의流行醫', 즉 유행을 선도하며 선풍적인 인기를 끄는 의사가 된 것이다. 그에게 진료를 받으려는 환자들로 집은 늘 문전성시를 이루었고, 찾아오는 환자 이외에 막부와 각 번의 고관대작, 부호들의 집으로 왕진을 다니느라 바쁜 나날이었다. 명예와 부를 한꺼번에 거머쥔 셈이다.

겐파쿠는 매년 섣달 그믐날 일기에 그해 수입을 계산해 당시 화폐 단위인 량兩, 분分, 주朱까지 정확히 기록했다. 《해체신서》 출간(1774) 이후 5~6년이 지난 1779년과 1780년 겐파쿠의 수입은 각각 250량 1분, 273량 3분이었다. 이후 이름이 널리 알려지면서 연간 수입은 매년 늘어났다. 1783년과 1788년엔 각각 약 305량, 380량으로 늘었고 1789년부터는 400량대에 이르렀다. 1796년 544량, 1798년 559량으로 500량대를 돌파한 뒤 1800년 621량, 1801년 648량으로 대폭 늘었다. 겐파쿠가 70대에 들어선 이후엔 1802년 524량, 1803년 583량, 1804년 438량으로 조금씩 줄어든다.

당시 하녀가 1년 동안 일해 받는 수입이 한 량 2분 정도였고, 에도시대 가장 유명한 대중 작가인 다키자와 바킨瀧澤馬琴(1767~1848)이 한창 인기 있던 1831년의 연간 수입이 잡수입을 합쳐 40량을 넘지 못했다.

이들의 수입과 비교해 보면, 겐파쿠가 얼마나 많은 수입을 올렸는지 알 수 있고, 난방류 의학이 얼마나 인기가 있었는지도 짐작할 수 있다.

겐파쿠는 돈에 강한 집착을 보였다. 에도에 극심한 가뭄과 대화재가 발생한 1804년, 그의 수입은 전년보다 약 150량 줄어든 438량 1분 2주에 그쳤다. 그는 연말 일기에 이 수입을 적으면서 '환자들이 돈이 없어 수입이 줄었다. 세상의 곤궁을 탄식한다(病客不財收納減, 世上困窮可歎)'고 푸념하기도 했다. 천재지변 등으로 고통받는 서민들에 대한 이해나 동정은 찾아볼 수 없다. 자신의 수입을 줄어들게 한 세상을 원망, 한탄할 뿐이다.

그런가 하면 말년(1795)에 지은 시에서 '부는 지혜 많음과 닮았고, 가난은 미련함과 닮았다. 인간만사 금전의 신으로 인해 괴롭다'고 했다. 그는 엄청난 부를 쌓으면서도, 오늘의 자신을 있게 한 료타쿠 등 어려운 처지의 주변 사람에게 결코 베풀지 않았고, 관심도 없었다.

1797년 11월 22일, 에도를 휩쓴 대화재로 겐파쿠가 살고 있던 동네도 불길에 휩싸여 그의 집도 전소했다. 오바마 번은 겐파쿠, 하쿠겐 부자에게 당장 생활에 필요한 돈을 빌려 주었다. 이재민이 된 그는 다른 동네에 마련된 임시 거주지에 살다가 다음해 가을, 전에 살던 곳에 새집을 지어 이사했다.

1799년, 67세를 맞이한 겐파쿠는 교토의 한 지인에게 보낸 편지에서 난학은 20여 년 동안 큰 성과를 거둬 지금은 '나라 안 절반에' 보급되고, 여러 종의 역서가 출간되고 있다며 감회 깊게 회상했다. 바야흐로 난학은 초창기를 지나 다음 세대로 넘어가는 중이었다.

막부, 난학자들에게 번역을 명령하다

이 무렵 러시아 사절 럭스만이 에조치蝦夷地, 지금의 홋카이도北海道 본섬 동쪽 끝 네무로根室에 와 통상을 요구(1792)하고 돌아갔다. 막부로선 '북변北邊 문제', 즉 러시아의 통상 요구 등을 어떻게 처리하느냐가 골칫거리였다. 이에 러시아에 대한 정보가 거의 없던 막부는 난학자들에게 네덜란드어로 된 러시아 관련 서적을 번역하도록 명한다.

마에노 료타쿠가 《노서아본기동대통약기魯西亞本紀同大統略記》(1793), 호슈가 《노서아지魯西亞志》(1794), 《북사문략北槎聞略》(1795), 나가사키 통사들이 《노서아지부록魯西亞志附錄》(1796), 《노사북경기행魯使北京紀行》(1796) 등을 번역해 막부에 올렸다.

1798년 막부는 나가사키 통사들을 '난서蘭書 해독 담당'으로 임명한다. 이는 러시아를 비롯한 서구 열강이 일본에 내항해 개방을 요구할 정도로 국제정세가 급변하고, 막부가 이 변화에 대처하지 않을 수 없는 상황이 됐음을 말해 준다. 이런 시대의 흐름에 따라 난학이 '천하유용天下有用의 학문'으로서, 사상 처음 막부로부터 인정받기 시작한 것이다.

한편 1801년 1월 21일 겐파쿠는 진료와 왕진을 끝낸 뒤 저녁 무렵 귀가해 축연을 열었다. 열아홉 살 때 번의 부름을 받고 시의가 된 지 50년 되는 날이었다. 본래 병약한 몸인 겐파쿠가 너그러운 번주와 이

132

해심 많은 번의 신하들 밑에서 50년이란 긴 세월 동안 근무할 수 있었던 데 대한 감사와 기쁨의 표시로 성대한 잔치를 연 것이다. 그는 이날 일기에 '밤, 50년 근무 축하 연회에 상하대부上下大夫들 오다'라고 썼다. '쇼시센도小詩仙堂'라고 이름 붙인 자기 서재에서 열린 이날 연회엔 문하생을 비롯해 겐파쿠로부터 진찰을 받은 고관대작 등 많은 관리들도 참석했다.

1802년 3월, 겐파쿠는 당시 '사쓰마풍薩摩風'이라 불리며 대유행하던 악성 독감에 걸려 오한, 발열, 구토 등으로 이틀간 인사불성이 되어 사경을 헤맸다. 주변 사람들은 그가 위험하다고 생각했다. 그러나 난학을 더욱 발전시키고, 돈을 더 벌어야겠다는 그의 강인한 정신이 병약한 육체에 스며든 병마를 물리친 것인지 그는 두 달여 만에 병상에서 일어났다. 그리고 서서히 건강을 회복했다.

이해 9월, 고희(70세)를 맞은 겐파쿠와 80세를 맞은 료타쿠의 장수를 축하하는 연회가 열렸다. 10년 전 두 사람의 축하연과 마찬가지로 겐타쿠는 '두 스승의 장수와 난학의 장구長久 발전을 축하'하는 글을 지어 올렸다. 문하생, 의사 들의 축하뿐만 아니라 오바마 번주와 세자도 겐파쿠에게 일본 전통의상 하오리羽織 등을 축하 선물로 주었다. 겐파쿠는 번의 중신들을 초대해 연회를 열었다.

겐파쿠는 고희를 넘기면서 스스로 지은 '구행노인九幸老人'이란 별호를 즐겨 사용했다. 겐파쿠는 자신이 '구행九幸'으로 생각하는, 즉 아홉 가지 행운의 의미를 다음과 같이 설명했다.

첫째 태평한 시대에 태어난 것, 둘째 에도에서 오래 생활한 것, 셋째 귀천 없이 사람들을 두루 사귄 것, 넷째 장수하게 된 것, 다섯째 안정된 급여를 받으면서 생활한 것, 여섯째 지금까지 가난하지 않은 것, 일곱째 천하에 이름을 알린 것, 여덟째 자식이 많은 것, 아홉째 늙었지만 건강한 것.

§

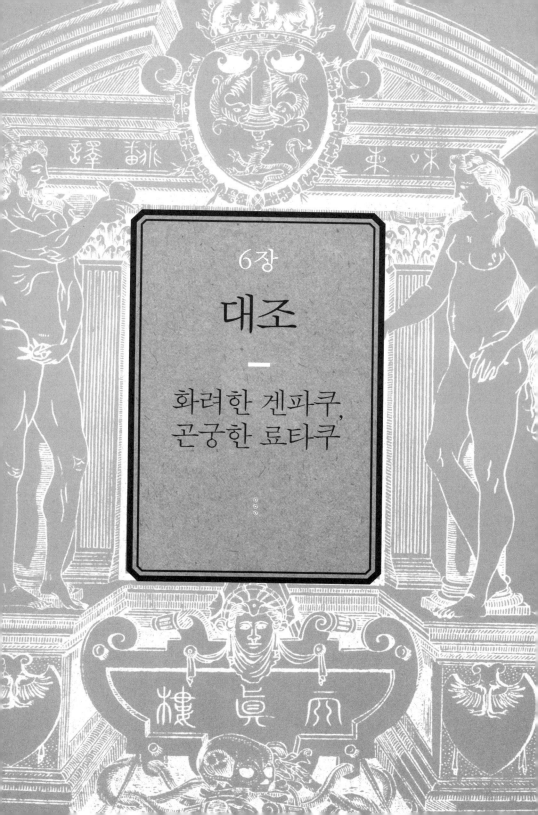

6장

대조

—

화려한 겐파쿠,
곤궁한 료타쿠

◇◇◇

오란다인 귀신, 란카

　　　　　　스기타 겐파쿠杉田玄白는 회고록에서 《해체신서》 번역 작업을 주도한 마에노 료타쿠前野良澤를 다음과 같이 표현했다.

이 난학이란 학문이 열리는, 하늘의 도움 가운데 하나라고 해도 좋은 일의 하나는 료타쿠라는 사람이 있었다는 점이다. …… 그는 본래부터 몸이 약하다면서, 이 무렵부터는 늘 문을 걸어 잠그고 외출도 하지 않은 채, 쓸데없이 사람들과 만나는 일 없이 오로지 난학만을 낙으로 나날을 살아가고 있었다. 료타쿠의 주군님인 오쿠다이라 마사카娛平昌鹿 님은 료타쿠의 그같은 마음을 잘 이해하고 계셔서, "그 사람은 본래 그런 친구"라고 말하며 일절 개의치 않았다. 그러나 료타쿠가 본업을 너무 소홀히 해서, 주군님께 일러바친 사람도 있었다. 그러나 주군님은 "매일 치료를 하는 것도 치료지만, 후세 사람을 위해 유익한 일을 하려 노력하는 것도 일을 하고 있는 것이다. 그 사람은 무언가 이루고 싶은 것이 있는 것처럼 보이므로 그가 하는 대로 내버려 두라"고 말씀하셨다. 그 무렵 주군님은 보이센이라는 사람의 《푸라쿠테키》 같은 오란다 내과 의학서를 일부러 사서 자신의 인장을 찍어 료타쿠에게 주기도 했다.

료타쿠는 전에는 호를 '라쿠잔樂山'이라고 했는데, 나이가 들자 스스로 '란카蘭化'라고 했다. 이것은 전에 주군님으로부터 받은 것인데, 주군님이 늘 료타쿠는 '오란다인和蘭人 요괴'라고 농담하신 데서 비롯한다. 이처럼 료타쿠는 주군님의 이해와 총애를 받았기 때문에 마음껏 이 학문을 수업할 수 있었다.

'란카蘭化'는 '和蘭人 化け物'에서 따온 말로 '오란다인 귀신'이란 뜻이다. 번주가 네덜란드어 공부에 몰두하는 료타쿠에 대해 이해와 호의를 담아 부른 별칭이다. 이후 료타쿠는 번주에게 감사하는 마음에서 '란카'를 호로 즐겨 사용했다.

료타쿠는 지인들에게 보낸 편지 말미에 '마에노 료타쿠'란 자신의 이름을 한자 '前野良澤'가 아닌, 알파벳으로 'M. Liotack'라는 사인으로 쓰기도 했고 자신의 다른 이름인 '熹요미스'를 'Jomis'로 쓰기도 했다. 번역 동료인 준안도 자신의 한자 이름 옆에 붓으로 멋을 부린 필치로, 'Nakagawa Junnan'이라는 사인을 사용했다. 그러나 《해체신서》 발간 후 네덜란드어 공부에 사실상 손을 놓고 있던 겐파쿠의 알파벳 사인은 남아 있지 않다.

겐파쿠의 일기에 따르면 1803년, 그는 여전히 진료, 왕진을 보면

마에노 료타쿠의 'M. Liotack'라는 서명(왼쪽)과 나카가와 준안의 'Nakagawa Junnan'이라는 서명 (오른쪽)

서 병론회, 군담회 등 각종 모임에 나가는 한편 화초를 기르는 등 유유 자적한 시간을 보내고 있었다. 이해 10월 17일자 일기에 '십칠일우운 근소준하대병용十七日雨雲近所,駿河臺病用'이란 문장 아래 '마에노료타 쿠사前野良澤死'라는 다섯 글자가 있다. 즉 '17일 비구름, 가까운 곳과 스루가다이(에도의 동네 이름)에서 진료를 보다'라는 일정을 적은 뒤, 료타 쿠의 죽음을 기록해 놓은 것이다. 아무런 감정이나 평가 등의 표현 없 이, 마치 의사가 진료 기록을 적은 듯한 메모 형식이다.

이날 료타쿠는 향년 81세로 불귀의 객이 됐다. 료타쿠는 겐파쿠와 마찬가지로 병약했으나 여든 넘어 산 것은 당시로선 상당히 장수한 편 이다.

앞서 말했듯이 겐파쿠는《해체신서》역자로서, 가장 우수한 문하생들을 거느리고 일본 난학의 중심이 돼 부와 명예를 한손에 거머쥐고 화려한 생을 보내고 있었다. 뛰어난 사교성, 임기응변의 처세, 사람을 다룰 줄 아는 통솔력을 지닌 겐파쿠는 '에도 제일의 난방의'를 넘어, 일본 전국에서 가장 유명한 첨단 의학의 대가가 됐다.

그와 대조적으로 료타쿠는《해체신서》발간 후 네덜란드 서적 번역에만 몰두했고, 겐파쿠와는 소원해졌다.《해체신서》번역자로 이름을 올리는 것조차 거부한 료타쿠는 난학을 배우겠다며 찾아오는 사람들의 방문도 모두 물리쳤다. 문하생이 되겠다고 간청한 사람들 가운데도 단 한 사람 외에는 받아들이지 않았다.《해체신서》발간 후 1년이 채 지나지 않아, 번주가 이전에 구해 준 네덜란드 내과의 보이센Buyzen(1712~1782)의《푸라쿠테키Practjjk der Medicine》(내과학의 실제)란 책의 번역을 거의 마쳤으나 이 또한 출판하지 않았다. 번역이 불충분한 상태로는 출판을 할 수 없다는 이유였다.

료타쿠는 타고난 어학 실력에《해체신서》번역 작업을 비롯해 네덜란드어를 집중적으로 그리고 장기간 연마한 덕에 네덜란드어 실력이 상당 수준에 올랐다. 그는 에도에서 가장 실력 있는 난학자로 인정받았다. 그의 명성이 자자해지자 막부는 서양화에 실린 문장을 번역하라는 명을 나카쓰 번을 통해 내린다. 그 글은 라틴어였다. 료타쿠는 라틴어를 전혀 몰랐다. 그렇다고 못한다고 할 수도 없었다. 네덜란드어와 라틴어를 구분할 수 없던 막부 관리는 서양 문자니, 료타쿠에게 번

역하라는 명을 내린 것이다. 료타쿠는 네덜란
드어로 된 라틴어 사전을 구해 악전고투 속에,
끝내 번역을 해냈다(1779). 여러 군데 오역이
보이지만, 일본 사상 첫 라틴어 번역으로 기록
된다.

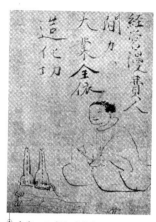

이때 료타쿠는《번역운동법 측요기도설飜
譯運動法.測曜璣圖說》등 많은 네덜란드 서적을
번역하고 있었는데 그것들은 의학 분야라기보
다는 자연과학 분야에 속한 책들이었다. 그런가

마에노 료타쿠 자화상

하면 네덜란드 서적을 읽고 얻은 지식을 토대로 자신의 서양관, 학문관
을 밝힌《관려비언管蠡秘言》을 집필하기도 했다.

이처럼 료타쿠는 의학, 어학, 물리, 지리, 역사, 축성 등 다방면에
걸쳐 난학 연구를 계속해《화란역문략和蘭譯文略》,《화란역전和蘭譯筌》,
《화란축성서和蘭築城書》등 30여 종의 저, 역서를 집필했다. 그러나 생
전 한 권도 출판되지 않은 채 필사본으로만 유포돼 전해지고 있다. 이
는 그가 저, 역술에 대한 출판 요청에《해체신서》의 역자 이름 표기를
고사할 때와 마찬가지로 불충분한 번역을 이유로 응하지 않았기 때문
이다. 겐파쿠는 난학이 열리는 '하늘의 도움'의 하나로 료타쿠가 있었
음을 들었지만 정작 료타쿠는 난학의 발전은 자신의 노력보다는 '하늘
의 도움'이 있어 가능했다고 겸손해 한다. 료타쿠는 번역 모임의 동료
였던 가쓰라가와 호슈에게 보낸 자화상 여백에 '경영만비인간력經營漫

費人間力, 대업전의조화공大業全依造化功'이라고 썼다. 즉 자신은 난학 연구에 인간으로서 모든 노력을 경주했지만 난학의 발전이란 대업을 이룬 것은 전부 하늘의 조화에 의한 것이란 의미다.

자신의 역할을 한없이 낮추면서, 완벽한 번역을 추구하는 이같은 자세가 그를 명성에서도, 부에서도 멀리 떨어지게 하는 요인이 됐다. 겐파쿠가 전국적으로 이름을 날리는 난방의 대표 의사가 된 반면, 료타쿠는 일반인들은 전혀 모르는 무명의 한 노인에 지나지 않았다.

가정적으로도 대조적인 료타쿠와 겐파쿠

70세 고령인 료타쿠는 번주로부터 번의로서의 은퇴가 허용(1792)되자, 오랫동안 산 쓰키지의 나카쓰 번 관사를 나와 에도의 네기시根岸란 동네에 작은 집을 얻었다. 은퇴 후에도 그는 오로지 네덜란드 서적 번역 작업에 전념했다. 그것이 유일한 보람이자 즐거움이었다.

가난한 그에게 비싼 네덜란드 서적을 구입하는 일은 큰 부담이었다. 이전엔 이해심 많은 나카쓰 번주가 고가의 네덜란드 서적을 사주기도 했다. 그러나 그 번주가 30대 중반의 젊은 나이에 죽고 어린 아들과 손자가 차례로 대를 이어, 이제는 료타쿠에게 네덜란드 서적을 사주는 사람이 없었다.

겐파쿠는 가정적으로도 유복했다. 마흔한 살에 결혼한 본처와의 사이에 난 장남은 어릴 때 죽었지만 두 딸 중 큰딸은 양자 하쿠겐과 결혼했고, 후처와의 사이에도 삼남매를 두었다. 그리고 많은 손자들이 태어나 자손이 번성한 집안이 됐다.

ⓢ 스기타 겐파쿠 자화상

료타쿠는 이와 대조적으로 가정에도 흉사가 잇따랐다. 료타쿠는 동료들과 《해체신서》 번역 작업 중 장녀가 어린 나이에 병사했다. 또 69세이던 1791년, 외아들이 병으로 급사하는 비운을 겪는다. 가업인 의업을 착실히 익혀 가던 아들의 죽음은 노년에 접어든 료타쿠 부부에게 큰 충격을 안겨 주었다. 부인은 이듬해 그 충격이 원인이 됐는지 병사했다. 료타쿠가 대를 잇기 위해 입양시킨 양아들은 성정이 거칠고 의학 수업에는 뜻이 없어 연을 끊었고, 다른 양자를 들였다.

겐파쿠 스스로 료타쿠 없이는 난학의 길이 열리지 않았을 것이라고 말했지만 난학이 점차 세상에 인정을 받을수록 겐파쿠는 료타쿠를 의식적으로 멀리했다. 겐파쿠는 《해체신서》 발간 후 료타쿠와의 교유를 끊었다. 제자들이 마련해 준 두 차례 합동 연회 외에 두 사람이 만나는 일은 거의 없었다.

1년 사이 처자를 모두 잃은 료타쿠는 이후 집도 없이, 셋방을 전전하며 말년을 고독과 곤궁 속에 보냈다. 겐파쿠는 료타쿠의 어려운 처지를 전해 들어 알았지만, 료타쿠를 경제적으로 도와주려는 생각은 없었다. 당시 겐파쿠는 엄청난 수입을 올리며 부를 축적하고 있었지만, 자선이나 기부엔 관심이 없었다.

료타쿠가 여든이 됐을 때, 병들고 노쇠한 몸으로 혼자 살고 있는 그에게 외동딸이 억지로 자기 집으로 가자고 했다. 결국 그는 막부의 의관인 사위 집에 얹혀살게 됐다.

료타쿠가 기거하게 된 사위 집은 에도의 간다神田라는 동네였다. 겐파쿠가 살고 있는 하마쵸는 간다에서 그리 멀지 않았다. 그러나 겐파쿠가 료타쿠를 자신의 집으로 초대하거나 찾아가는 일은 없었고, 가마를 타고 왕진을 갈 때 료타쿠의 거처 근처를 지나가도 모른 체 할 뿐이었다.

료타쿠는 보행도 제대로 할 수 없어 집에서 누워 지냈고, 청력도 잃어 창가에서 지저귀는 새소리조차 들을 수 없었다. 시력도 거의 상실해 네덜란드어 서적을 보는 것도 곤란한 상태였다. 료타쿠는 세속적 영화를 일체 거들떠 보지 않으면서, 난학이란 학문만 파고드는 고절孤節의 삶을 살았다. 그리고 말년엔 찢어지는 가난 속에 고통받다 사위 집에서 최후를 맞이한 것이다.

§

료타쿠의 죽음을 외면한 겐파쿠

겐파쿠는 료타쿠의 사망 소식을 전해 듣고도(10월 17일 오후) 집 근처 등에 왕진을 갔을 뿐 가까이에 있는 료타쿠의 빈소를 찾진 않았다. 발인이 있는 다음 날에도 겐파쿠는 문상을 가지 않은 채 외면했다. 그는 이날 예정된 왕진을 나갔고, 저녁엔 연회에 참석했다. 겐파쿠로선 문상을 가서 료타쿠의 죽음을 슬퍼하기보다는 왕진을 나가 수입을 올리는 것이 자신에겐 더 중요했을지 모른다.

겐파쿠는 왜 료타쿠의 죽음을 외면했을까?

《해체신서》 출판을 발판으로 부귀영화를 누린 겐파쿠에게 사실상 번역을 주도한 료타쿠란 존재는, 큰 부담이었을 것이다. 겐파쿠는 료타쿠의 죽음을 슬퍼하기보다 료타쿠가 이 세상을 하직함에 따라 그같은 부담에서 벗어나게 돼 안도의 한숨을 쉬었고, 그래서 문상조차 하지 않았을지 모른다. 이같은 겐파쿠의 인간성과 태도를, 후세의 난학 연구자나 작가들 가운데 '처세주의자', '공명주의자'로 비판하는 사람도 있다.

겐파쿠가 료타쿠의 죽음을 철저히 외면한 데는 나름대로 이유가 있겠지만 두 사람의 관계를 생각하면, 인간으로서 명백한 비례非禮다.

'난학을 여는 하늘의 도움의 하나'로 료타쿠가 있었음을 든 겐파쿠의 말대로, 《해체신서》는 료타쿠가 없었다면 나오지 못했을 것이다.

난학이란 새로운 학문의 개척자란 명예와 엄청난 부의 축적 등 세속적 부귀영화를 누리고 있는 겐파쿠의 현재도 사실 료타쿠가 없었다면 불가능했을 것이다.

료타쿠는《해체신서》번역의 맹주로 추대돼 사실상 작업을 진두지휘했지만 자신의 이름을 역자로 싣는 것조차 거부했고,《해체신서》출간 후엔 오로지 난학 관련 서적의 번역, 저술에만 매진하다 곤궁 속에 생을 마감했다.

이처럼 극히 대조적인 두 사람의 자세 중 어느 쪽이 더 학문, 기술 나아가 세상의 발전을 가져오는지에 대해서는 관점에 따라 다를 수 있을 것이다. 원칙을 지키고 완벽을 추구하며, 자신의 가치관과 신념에서 한 발짝도 벗어나지 않으려는 료타쿠. 큰 틀의 방향을 정하고 그 방향으로 융통성 있게, 대충이지만 목표를 신속히 달성하는 것이 중요하다는 겐파쿠. 겐파쿠가 세상엔 더 유용한 유형일지 모른다. 그러나 원칙을 벗어난 편법과 술수엔 결코 타협하지 않는 료타쿠의 정신과 자세도 존중되지 않으면 안 된다.

료타쿠가 죽은 그해 연말, 겐파쿠는 일기에 '내일이 있다고 생각하면 기쁜 섣달 그믐날'이라고 읊었다. 그리고 예년과 같이 그해의 수입을 계산해 '당년총수납고합금오백칠십삼량야피하금십량當年總收納高合金伍百七十三兩也被下金十兩'이라고 적었다. 약값, 사례비 등을 합친 연간 총수입이 583량에 달한다. 겐파쿠의 뇌리에서 료타쿠의 존재는 사라져 버리고, 자신은 여전히 많은 수입을 올리고 또 살아갈 내일이 있음이, 그에겐 더 없이 기쁜 일이었다.

단순한 의사가 아닌 겐파쿠

겐파쿠 입장에서 보자면, 료타쿠는 스스로 난학 연구라는 좁은 영역에 머물러 있었으나 자신은 《해체신서》 출판을 디딤돌로 삼아 많은 후학들을 지도하면서 난학의 발전을 위해 나름대로 진력하고 있다는 자부심을 가졌다. 후일 겐파쿠는 회고록에서 "료타쿠라는 사람이 없었다면 이 난학의 길은 열리지 않았을 것"이라면서도 "그리고 나와 같이 엉성하고, 대충하는 인간이 없었다면 이 길이 이렇게 빨리 퍼져나가지 않았을 것이다. 이것 또한 하늘의 도움일 것이다"라고 자신의 공적도 료타쿠에게 뒤지지 않음을 강조했다.

두 사람 중 누가 바른 길을 갔는지는 별도로 치더라도, 겐파쿠가 당시 일본 의학 발전을 위해 크게 공헌했음은 부인하기 어렵다. 사실 겐파쿠는 나이를 먹으면서 사고도 한층 원숙해지고, 관심 분야도 다양하게 넓혀 갔다.

겐파쿠는 정치, 경제 문제에 대해서도 발언을 자주 했는데, 그의 뛰어난 통찰력은 많은 사람들에게 영향력을 발휘했다. 그는 더 이상 단순한 의사가 아니었다. 뛰어난 문명비평가가 되어 있었다.

이 무렵 러시아가 극동부에 있는 캄차카반도 남단과 에조치(홋카이도) 동단 사이의 쿠릴열도를 넘보자 막부는 탐험대를 파견해 정황을 살피고, 러시아가 자국 영토라고 주장하는 에토로프 섬에는 '대일본에토로후大日本惠土呂府'라고 일본 영토임을 주장하는 영토 표시를 하는 등 수비를 강화했다.

이 무렵 러시아의 남하 등 '북변 문제'에 큰 관심을 가지고 있던 겐파쿠는 주변 사람들에게 러시아의 움직임에 주목해 나라를 위해 노력해야 한다고 강조했다. 그는 러시아, 에조치 문제 등에 관한 문답집인 '시골 노인의 독백'이란 뜻의 《야수독어野叟獨語》(1807)란 책을 쓰기도 했다.

그의 저술은 《대서양의서》, 《형영야화》, 《옥미정》, 《야수독어》를 비롯해 세간의 풍조를 비판한 《견해조大解嘲》 등 의학뿐만 아니라 정치, 외교, 사회, 도덕, 수필 등 다방면에 이른다.

쇼군을 알현하다

겐파쿠는 71세가 되던 해이자 료타쿠가 죽은 1803년, 한 지인에게 보낸 편지에 다음과 같이 썼다.

이제 노경에 들어 난학은 손을 놓은 지 오래이며 다만 장생을 도모할 뿐이다. …… 본과지사本科之事는 하쿠겐이 맡아 심혈을 기울이고 있고, 외치지사外治之事는 겐타쿠가 맡아 번역을, 해체지사解體之事는 우다가와 겐신宇田川玄眞이 검토하고 있다. …… 모두 나의 문하에서 나온 난학의 대가들이다. 노후에 이보다 더한 즐거움이 어디 있으리오. 세 사람에게 일을 맡기고 이 늙은이는 그저 소일할 뿐이다.

'본과지사'란 내과, '외치지사'란 외과, '해체지사'는 해부학을 중심으로 하는 의학이다. 이 세 분야를 하쿠겐, 겐타구, 겐신이 맡고 있다는 뜻이다. 우다가와 겐신은 앞서 말한 야스오카 겐신安岡玄眞으로 겐파쿠의 문하생이 돼, 부자 관계까지 맺었으나 겐파쿠가 그의 방탕한 소행을 문제 삼아 절연한 인물이다. 이후 겐신은 난학자 우다가와 겐즈이宇田川玄隨가 죽자 그의 양자가 됐고, 겐파쿠는 그가 반성하고 난학에 정진하자 주변의 권유를 받아들여 용서해 주고 부자의 인연을 회복했다. 겐파쿠는 겐신을 '그 재주가 아주 뛰어난 자로 대업이 가능하다'며 회고록에서 높이 평가했다.

이 무렵 겐파쿠는 후처와의 사이에 태어난 장남 류케이立卿가 열아홉이 되자, 별도로 일가를 세워 안과를 전문으로 하는 번의가 될 수 있도록 번에 요청해 허가(1804)를 받았다. 류케이가 안과 전문의가 된 것은 에도의 난방의 가운데 안과를 전문으로 하는 자가 없었기 때문인데, 아버지 겐파쿠가 적극 권했기 때문이기도 하다. 겐파쿠가 눈병으로 고생하고 있던 점도 류케이가 안과의가 되는데 영향을 미쳤을지 모른다. 겐파구는 네덜란드 안과서를 구입해 류케이에게 번역해 보도록 권하기도 했고, 류케이가 겐파쿠의 눈병을 치료해 주었다는 기록도 있다. 이처럼 겐파쿠의 노년은 난학, 의업, 가정 등 어느 하나 문제없이 잘 풀려 갔다.

1805년, 73세가 된 겐파쿠에게 꿈에도 생각지 못했을 일대 경사가 일어났다. 그해 6월 22일 저녁, 겐파쿠가 번저藩邸의 부름을 받고 들어가니 막부로부터 다음 날 에도 성으로 들어오라는 명이 내려 왔다고 했다. 마침 번주가 영지인 오바마 번에서 근무하는 해여서, 대신 에도시키야에서 근무 중인 번의 중신과 함께 다음 날 에도 성으로 출두했다.

겐파쿠 등이 에도 성 접견실에 들어서니 막부의 최고위직인 로주를 비롯한 고관 들이 도열한 가운데 로주 아오야마 시모츠케노카미靑山下野守忠裕로부터 '다년간 가업에 정진한 데 대해, 윗분이 뵙기로 했다'는 쇼군의 뜻이 전달됐다. 쇼군이 알현을 허용한 것은 겐파쿠 자신에게도 더 없는 영광이었고, 겐파쿠의 주군 사카이후酒井候를 비롯해 겐파쿠의 문하생, 즉 텐신로주쿠생天眞樓塾生들을 들뜨게 했다. 막부에 소속된 관의가 아닌 번의가 쇼군을 알현하는 것은 극히 이례적인 일이었고, 특히 난방류蘭方流 의사로서는 처음이었다.

7월 28일, 겐파쿠는 번의 중신과 함께 에도 성에 들어가 쇼군을 알현하고 약을 헌상했다. 당시는 제11대 쇼군 도쿠가와 이에나리德川

家齊(1773~1841) 치세였다. 그 다음 날 오바마 번주로부터 겐파쿠에게 관직이 하사됐고 석고가 50석 증가해 220석이 됐다.

쇼군 알현 2년 뒤, 75세가 된 겐파쿠는 번에 은퇴를 신청해 허락받고, 양아들 하쿠겐이 번의 오쿠의사가 돼 번주 등의 진료를 담당했다. 겐파쿠는 집안일도 하쿠겐에게 물려주고 시, 그림, 와카, 하이쿠 등을 지으며 나날을 보낸다. 그 사이사이엔 진료를 봤고, 전성기 때보다는 떨어지지만 그래도 매년 상당한 수입을 올렸다.

1808년 8월, 영국 군함이 네덜란드 국기를 달고 나가사키에 나타나 네덜란드 상관원들을 인질로 삼아 연료, 식수 등을 보급받는 '불온행위'를 하고 돌아갔다. 이에 막부는 나가사키 통사 여섯 명에게 네덜란드 상관장으로부터 프랑스어를 배우도록 하고, 이듬해엔 이들에게 러시아어와 영어도 아울러 배우라는 명을 내린다.

1809년, 겐파쿠는 희수喜壽(77세)를 맞이했다. 이해 4월 겐파쿠는 나름대로 서양 의술의 특질을 집약해 한 폭의 휘호에 담은 '서양의술지요西洋醫術之要'라는 글을 썼다.

앞서 말한 《화란의사문답》이 겐파쿠 장년의 의학관이라면, 71세에 쓴 《형영야화》는 노경에 들어간 겐파쿠의 의학 사상이고, '서양의술지요'는 한문으로 간결하게 서양 의술의 핵심을 서술한 것이다.

특히 겐파쿠는 이 휘호에서 희수를 맞이한 감회의 한 표현으로 '생래이만칠천이백십오일지옹일재生來二萬七千二百十五日之翁一齋'라고 했다. 77세란 나이가 아닌, 1년을 날짜로 계산해 '태어난 지 2만 7215일

151

된 노인, 일재'라고 한 것이다.

'서양의술지요'의 내용은 당시 유럽을 풍미하고 있던 생기론生氣論의 영향이 반영되었다는 평을 받는다. 이는 겐파쿠가 돈을 아끼지 않고 네덜란드 서적을 사 모으는 한편, 나가사키의 상관에서 근무하는 네덜란드 의사들이나 일본인 통사들을 통해 새로운 의술과 해외 정보 입수에 힘을 쏟고 있었음을 반증한다고 볼 수 있다.

이해 가을 겐파쿠의 양아들 하쿠겐은 소장하고 있던 세계 지리에 관한 네덜란드 서적 두 권을 막부에 헌상했다. 이 무렵 막부는 북변에 출현하는 러시아 선박에 대한 대비책은 물론 동아시아 쪽으로 동진해 오는 유럽 국가들의 위협에 대응할 필요성에서 대외 관련 자료 수집을 시작하고 있었다. 막부의 천문대 산하에 지지地誌 등을 관장하는 국국國局에 나가사키의 유능한 청년 통사를 임명해 세계 지도의 번역 간행 등을 본격화시키기도 했다. 막부는 하쿠겐이 헌상한 네덜란드 서적을 매우 중요하다고 판단해, 그에게 백은白銀 20매枚를 상금으로 주었다.

하쿠겐은 이 상금을 양부 겐파쿠가 저술한

《형영야화》 출판 자금으로 사용하기로 했다. 하쿠겐은 1810년 간행된 이 책의 서문에 '우리 문하생들은 이 책을 읽어, 우리 집안 의술의 원천을 알아야 할 것'이라고 강조했다. 그리고 '후세의 자손, 말류末流의 제자들'에게 전하기 위해 겐파쿠의 실제 모습을 그린 초상을 책머리에 실었다. 이 초상은 당시 에도에서 난학계의 주요 인물들과 교류가 두터웠고, 겐타쿠의 저서에 삽화를 담당한 양풍 화가로 유명한 이시카와 다이로石川大浪가

⊙《형영야화》에 실린 겐파쿠의 실제 모습을 그린 초상

맡았다. 얼굴의 주름살 하나하나까지 세밀하게, 실물을 있는 그대로 모사해 거의 사진에 가깝다.

양아들이 막부로부터 받은 하사금으로 자신의 저서를 간행해 준 것은, 겐파쿠에겐 크나 큰 기쁨이었다. 그러나 기쁨도 잠시, 다음 해 (1811) 윤 3월, 중병으로 쓰러졌다. 79세였다. 주변에선 '이번에는 위험하다'고 생각했으나 기적적으로 다시 일어났다. 그는 중병에서 일어난 기쁨을 함께하기 위해, 떡을 만들어 주변 사람들에게 돌렸다. 이때의 심경을 시로도 지었는데, 말미에 역시 나이가 아닌 날짜로 환산해 '생래이만팔천칠백삼십육일 구행노인生來二萬八千七百三十六日 九幸老人'이라고 했다.

난학에 대한 일반의 평가와 관심이 날로 높아져 가고 있는 가운데

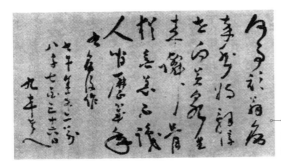

스기타 겐파쿠의 필적. 말미에 '생래이
만팔천칠백삼십육일 구행노인'이라고 적
혀 있다

서양 의학, 즉 난방 의학도 급속히 발전했다. 기이 번紀伊藩(지금의 와카야
마 현和歌山縣)의 시의 하나오카 세이슈華岡靑洲는 난방 의학 지식을 이
용해 마취약인 통선산通仙散을 개발, 세계에서 최초로 유방암 수술에
성공(1804)했다. 그는 전국적으로 유명해져 각지에서 환자들이 몰려들
었다.

　　당시 겐파쿠의 문하생들인 하쿠겐, 겐타쿠, 겐신 세 사람은 에도
에서 가장 실력이 뛰어난 난학자로 평가받았다. 이런 가운데 막부는
1811년 네덜란드어 서적을 번역하는 '만서화해어용蠻書和解御用'이란
직책을 신설해 겐타쿠를 여기에 근무토록 하는 결정을 내린다. 겐타
쿠는 난학자로서는 사상 처음 막부에 기용됐고 2년 후에는 겐신도
같은 명을 받았다. 이때의 기쁨을 겐파쿠는 다음과 같이 회고했다.

　　난학자로서 오쓰키 겐타쿠의 명성은 난학자 중 사상 처음 막부에서 일하는 등
　　이미 널리 알려져 있었지만 근래(분카文化 8년, 1811) 새롭게 막부에서 보관

§
일본 난학의 개척자, 스기타 겐파쿠

하고 있는 오란다어 책을 번역하라는 명을 받았다. 예전 우리가 우연히 시작한 사업이, 우리가 살아 있는 동안 이같이 명예로운 엄명까지 받게 된 것은 참으로 고마운 일이 아닐 수 없다. 나의 오랜 바람이 이뤄진 것이라 하겠다.

어떻게 해서라도 사람의 생명을 널리 구하고 싶다는 일념에서 어느 누구 하나 손을 댈 엄두를 못 내던 어려운 사업을 시작해 고심했던 창업의 공은 결코 헛되지 않았다. 겐타쿠에 이어 겐신도 막부로부터 같은 명을 받게 되었다. 참으로 감격스러운 일이 아닐 수 없다. 두 사람은 내가 지도해 온 제자들로, 이같이 훌륭한 일에 이 늙은이는 하늘에 감사할 따름이었다. 이보다 더한 일이 어디 있겠는가. …… 한 방울의 기름을 넓은 못에 떨어뜨리면 차츰차츰 못 전체로 퍼져 나간다. 그와 같이 맨 처음 마에노 료타쿠, 나카가와 준안 그리고 나, 이렇게 셋이 뜻을 모아 한번 해보자고 한 것이 벌써 50년 가까이 된 지금, 이 학문은 전국 여기저기로 퍼져 나가 매년 번역서가 나오고 있다고 들었다. 이것은 한 마리의 개가 짖으면 사방의 개가 허공을 향해 따라 짖는 것과 비슷한 이치로, 그 안에는 좋은 것도 있고 나쁜 것도 있으나 그것은 잠시 동안의 문제일 뿐이다. 이렇게 오래 살고 있는 덕분에, 지금과 같이 난학이 발전한 모습을 보고 듣게 돼 기쁘기도 하고, 놀랍기도 하다.

회고록《난학사시》집필

　　　　　　　　나이 여든을 넘겨 자신이 늙고 병들었음을 잘 알고 있던 겐파쿠는 '이 세상에서의 절필'이라고 생각하고 난학에 관한 회고록 집필에 들어가 83세 되던 1815년 4월 탈고한다. 이 초고를 겐파쿠의 문하생을 대표하는 오쓰키 겐타쿠가 가필, 교정을 보았다. 두 권으로 된 회고록은 그때 제목을 정하지 않은 것 같다.

　전해 오는 사본에는《난동사시蘭東事始》,《화란사시和蘭事始》의 두 가지 외에《난학사시蘭學事始》란 제목도 있다.

　그러나 이 회고록은 에도시대에는 출판되지 않은 채 난학자들 사이에서만 필사본으로 읽히는 정도였다. 겐파쿠는 회고록의 마지막에서, 전란 없이 200년간 평화가 지속되고 있던 시대여서 난학의 발전과 자신의 오늘이 있다고 술회했다.

　아무리 생각해도 나는 기쁘다. 이 길이 더욱 열리면 백년, 천년 뒤의 의사가 본래의 의술을 몸에 익혀 인명을 구하는, 큰 이익을 얻을 것으로 생각하면 가만히 앉아 있을 수 없을 정도로 기쁘다. 물론 내가 다행히 오래 살아 이 학문이 열리는 처음부터 오늘처럼 번성하는 모습을 내 눈으로 볼 수 있는 것을, 다만 나의 행운 때문이라고 말해서는 안 된다.

　돌이켜 보면 사실은 국내의 평화 덕분이다. 아무리 학문에 열심인 사람이 있어도 세상이 전란에 휩싸여 싸우는 와중이라면 어떻게 이 사업을 시작해 이런 발전을 이룰 수 있었겠는가? 황송하게도 올해 분카文化 12년(1815)은 닛코日光 후타라 산二荒山에 모신 오미카미大御神 이에야스家康 공 서거 200주기에 해당된다. 공이 천하를 통일해 이 나라에 오랜 기간 평화를 주셨다. 그 깊고 넓은 은혜가 나같이 나라 한 구석에 살고 있는 자에게까지 내려왔기 때문에, 나와 난학의 오늘이 있는 것이다. 공의 신덕神德의 양광陽光이 이 나라의 모든 곳에 내리쬐고 있는 덕분이다. 마음으로부터 깊이 감사드리는 바이다 ……나는 이 세상에 살고 있는 동안 쓰는 절필이라고 생각하고 글을 써 왔다.

ⓘ 겐파쿠의 생애 마지막 휘호 '의사불여자연'

회고록 집필을 마감한 이후에도 겐파쿠는 비교적 건강했고, 세상 사람들은 병약하면서도 장수하는 그를 부러워했다.

겐파쿠는 85세가 되던 1817년 새해를 맞아, 어느 문하생에게 보낸 휘호에서 '의사불여자연醫事不如自然〔의업醫業은 자연과 같지 않다. 즉 자연보다 못 하다〕'고 썼다. 85세에 이르기까지 한평생 의업이란 하나의 업에 정진해 온 한 인간의 체험과 철학에서 우러나온 정수精髓의 한마디다. 이 휘호가 그의 절필이 됐다.

이해 4월 17일, 화창한 봄날 겐파쿠는 많은 자식

157

과 제자 등이 지켜보는 가운데 숨을 거두었다. 병약해 결혼까지 스스로 미뤘던 그로서는 꿈에도 생각지 못한 장수였다. 향년 85세였다.

료타쿠와 겐파쿠는 모두 향년 80세를 넘겨 당시로선 장수했다. 그러나 둘의 삶과 죽음은 그들의 성격과 인생관 차이만큼이나 극히 대조적이었다.

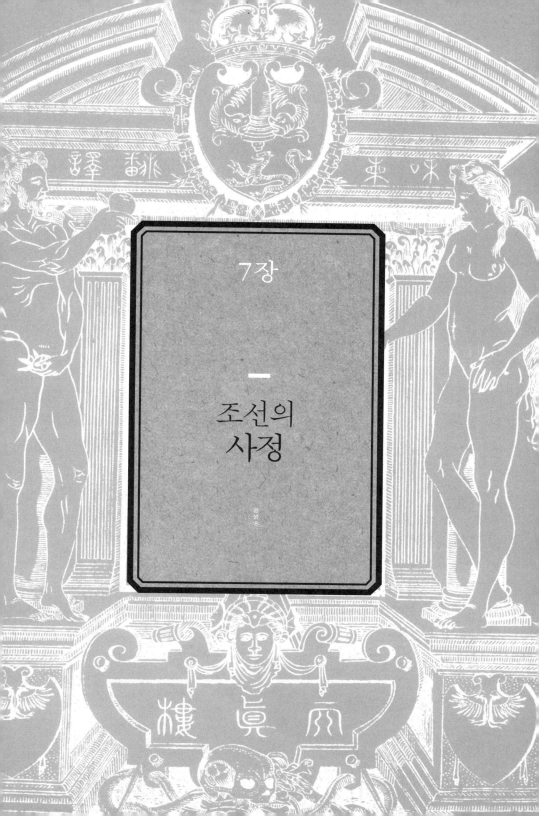

7장

—

조선의
사정

조선통신사 왕래의 의미

겐파쿠 등이 난학 발전에 힘쓰고 있던 에도시대, 쇄국정책으로 일관하던 도쿠가와 막부가 정식으로 수교하고 있는 유일한 외국은 조선이었다.

1603년, 도쿠가와 막부를 연 이에야스는 임진왜란으로 중단된 조선과의 관계 수복이 급선무라 판단하고 쓰시마對馬島의 영주 소宗씨를 통해 양국 간 강화를 교섭케 했다. 조선도 전쟁으로 황폐해진 국토를 하루빨리 회복시키고 만주에서 세력을 확장하고 있는 후금 누르하치로부터 나라를 보호하기 위해 배후에 있는 일본과의 관계를 안정시킬 필요가 있었다. 이같은 양국의 이해관계가 맞아떨어져 전쟁이 끝난 지 불과 9년 만인 1607년, 조선과 일본은 국교를 수복했다.

임란 전인 조선 전기에도 보빙사, 회례사, 통신사 등의 이름으로 모두 열일곱 차례 조선 국왕이 파견한 사절이 일본에 갔다. 일본에서는 총 71회의 '일본국왕사日本國王使'가 조선으로 파견되었으나 이들 모두가 쇼군이 보낸 사절인지는 불명이다. 이들은 대부분 쇼군의 사절로 위장한 거짓 사자, 즉 '위사僞使'로 알려져 있다.

임란 후 양국이 국교를 재개하면서 막부의 최고 지도자 쇼군이 바뀔 때마다 '축하 명목' 등으로 조선통신사가 일본을 방문해 쇼군에게 조선 국왕의 친서를 전달하고 선물을 주고받았다. 그러나 일본에서는 조선으로 사절을 파견하지 않았다. 이는 조선이 임란 이후 일본의 조선 침략 가능성을 경계해 일본 사절의 서울 왕래를 금지했기 때문이다.

통신사通信使는 '신의信義를 주고받기 위한 사절'이란 뜻으로 양국 관계가 대등함을 나타내는 외교 형태다. 그러나 실제로는 자신을 중화 문화의 계승자라고 생각하는 조선과 일본을 중심으로 하는 화이華夷 질서 속에서 조선을 깔보는 양국이 가진 상대방에 대한 우월감을 배경으로 성립되었다고 할 수 있다.

1607년부터 1811년까지, 204년간 모두 열두 번 조선통신사 왕래가 이뤄졌다. 평균 17년에 한 번 꼴이다. 1607, 1617, 1624년 세 차례는 쇼군의 국서에 회답한다는 의미에서 회답사回答使와 임란 때 끌려간 포로를 데려온다는 의미에서의 쇄환사刷還使 역할도 겸하게 해 명칭은 회답 겸 쇄환사였다. 이후 아홉 번은 통신사였다. 통신사는 정사正使, 부사副使, 종사관從事官의 3사三使로 편성되었고, 일행은 정사의 뒤를 따르는 아이들과 악대, 무인, 의사, 통역, 화가 등 약 400~500명으로 구성되었다.

조선이 책봉 관계를 맺고 있는 종주국 중국에 매년 정기 또는 비정기적으로 서너 번 이상 조공 사절을 보낸 것과 비교하면, 에도시대 200여 년간 총 열두 번의 조선통신사 방일은 빈번한 교류라고는 할 수 없다.

그러나 조선통신사 왕래가 폐쇄된 섬나라 일본에 미친 영향은 적지 않았다. 우선 소규모인 네덜란드 상관장의 산푸나 류큐에서 파견한 경하사·사은사와는 비교가 되지 않을 정도로 대규모고 화려한 행렬인 통신사 왕래는, 막부의 역대 쇼군들이 자신의 국제적 지위가 높음을 다이묘와 서민들에게 보여 주는 절호의 기회이기도 했다. 통신사 행렬이 지나가는 각 번은 경호에 필요한 수백 척의 선박과 병력을 동원하고, 사절단에 향응을 베풀어 융숭하게 대접했다. 접대에 드는 비용은 연도의 다이묘들에게 의무적으로 부가됐지만 막부도 상당한 경비를 썼다.

에도 성 안에서 거행되는 국서봉정식은 쇼군에겐 일생일대의 국가 의식이었고, 로주를 비롯한 문무백관들이 모두 참석했다. 쇼군은 사절단에게 호화로운 잔치를 베풀었다. 통신사가 한 번 일본에 왕래하는 데 드는 일본 측 비용이 1709년 막부의 한해 세입(약 76만~77만 량)보다 더 많은 약 백만 량이 들었다는, 당시 접대 책임자의 계산이 있다. 얼마나 큰돈이 들었는지 짐작할 수 있다.

일본의 학자, 문인, 승려, 의사 등 지식인들은 통신사 일행 숙소로 찾아가 시문으로 응수하거나 필담을 나누는 등 활발한 문화교류를 전개했다. 사절들에겐 외교적 능력 못지않게 문화적 소양이 필요했다. 그래서 조선에서는 통신사 사절을 선발할 때 일정 시간 내에 즉석에서 한시를 짓도록 해 뛰어난 능력을 가진 자를 뽑는 등, 우수한 유학자와 문학자를 사절로 보냈다. 이 때문에 이들은 유교와 한시를 교양의 한 요소로 인식하고 있던 일본에서 대단한 존경과 환영을 받았다.

에도시대 일본의 가장 저명한 학자인 아라이 하쿠세키新井白石(1657~1725) 같은 인물도 조선인들이 자신의 시를 높이 평가해 주길 바랐고, 통신사 세 사람 중 한 사람이 시선집의 서문을 써 주자 감격했다. 조선통신사 내왕과 관련해서는 역대 통신사의 수행원이 남긴 기행문 서른네 종을 비롯해 사절 행렬을 그린 그림 등 양국에 많은 기록이 남아 있다.

제6회 통신사(1719)에 주로 통신사 일행의 글에 관한 업무를 담당하는 제술관製述官으로 동행한 신유한은 기행문《해유록海遊錄》에 오사카에서 숙박할 때 많은 일본 학자가 찾아오는 바람에 일행은 "때때로 닭이 울 때까지 잠을 못 잤고 끼니를 거를 때도 있었다. 일본인들은 우리가 신이라도 되는 양 우리의 문장을 좋아했고 보물처럼 간직했다"는 일화를 적었다. 그는 일본에 공자를 모시는 사당을 찾아볼 수 없고, 부모나 임금이 죽었을 때 입는 상복이 없는 것을 개탄하며 "천성은 선하게 타고 났으나 도道를 알지 못한다"고 개탄했다.

그러나 신유한은 자신이 목격한 일본 도시의 풍요로움에 압도되었다. 그는 "오사카 거리는 구경꾼들로 넘쳐났다. 나는 그 화려함에 현기

증이 날 정도로 도취되어 우리가 지나온 마을의 수까지 셀 수 없었다"고, 교토에 대해서는 "금과 은으로 장식된 도지東寺"를 보았으며 "아름다운 가로등이 환하게 켜진 수십 리 거리"라고 묘사하고 있다. 신유한은 자신이 "꿈속의 낙원"에 있는 듯한 착각을 했다.

그는 통신사 행렬이 중심부를 지나며 퍼레이드를 벌인 에도에 대해서는 "거리를 따라 길게 늘어선 건물은 상인들의 점포였다. 구경 나온 사람들의 옷이 너무 현란해 내 눈에는 오사카나 교토보다 훨씬 더 번창한 도시로 보였다"고 기록했다. 그러면서 일본은 시골 사람들조차도 상당히 부유하다는 결론을 내렸다.

유학자인 신유한의 눈에 일본은 유교적인 도덕, 규범은 조선에 비해 떨어지지만 도시와 시골 그리고 구경 나온 사람들의 의복 등을 통해 일본의 상업, 경제가 조선에 비해 크게 발전한 것으로 비춰졌음을 알 수 있다.

일본 서민들에게도 통신사의 방일은 이국 문물을 접하는 유일한 기회로, 신유한 등의 기행문에서 보듯, 통신사 행렬이 지나가는 연도엔 한껏 차려 입고 나온 수많은 사람이 몰려들어 장관을 구경했다. 오늘날 일본에는 통신사 일행을 수행하던 아이들이 추던 춤에서 유래한 '가라코오도리唐子踊り(또는 韓子踊り)'나 통신사 행렬에서 시작된 '도진오도리唐人踊り(또는 韓人踊り)'가 전승되고 있고, 비와호琵琶湖 남쪽 연안에는 '조선인 가도朝鮮人 街道'라는 이름이 남아 있다.

당시 조선의 의학도 일본에선 큰 관심의 대상이었다. 처음부터 통신사가 갈 때는 반드시 조선의 의원醫員들이 포함되었고, 많은 일본 의사와 본초학자 들이 이들 숙소로 찾아가 의료에 관한 문답을 나누었다. 통신사 일행이 쇼군 등에게 줄 선물로 가져간 인삼, 청심원과 일행이 사용하기 위한 생지황, 맥문동, 오미자 등의 조선 약재는 일본인들에겐 귀중한 물건으로 상당한 인기를 끌었다. 조선 초기의 의학사전인 《의방유취》, 허준의 《동의보감》 등도 일본에 수입돼 널리 읽혔다고, 일제강점기 경성대학 교수를 지낸 일본의 한 조선의학사 전문가(미키 사카에三木榮,《朝鮮醫學史及疾病史》)는 설명한다. 겐파쿠는 회고록에서 중국 의서에 대해서는 언급하고 있으나 조선의 의학서나 약재에 대해서는 언급이 전혀 없다.

19세기 초 일본은 통신사 왕래에 드는 막대한 경비와 일본에 접근하고 있던 구미 세력, 특히 러시아의 남하에 대비해야 하는 내부사정 등을 이유로 에도가 아니라 쓰시마까지만 사절이 왔다 가는 '역지易地 통신'(1811)으로 축소했다. 이후 1856년 오사카에 사절을 파견하는 방안에 양국이 합의했으나 그 이전에 쇼군이 죽었기 때문에 실현되지 못하고, 결국 통신사 왕래는 중단됐다.

어쨌든 200여 년간 조선과 일본 간 문화 교류와 무역의 장이 된 조선통신사 왕래는 양국 간 우호와 평화를 상징하는 행사였다고 할 수 있다. 그러나 조선통신사에 대한 친선, 우호 분위기와는 반대로 고대 전설에 나오는 '진구神功황후의 삼한정벌' 이래 조선을 속국으로 간주하는 일본 전래의 '조선멸시관'에 따라 통신사를 '조공사절'로 보는 시각도 없지 않았다. 예를 들면 통신사가 내일했을 때 일본인들은 나가사키의 네덜란드 상관원들에게 자신들은 히데요시가 (임란에서) 조선 사람들에게 거둔 '승리'를 축하하고 있으며, 조선은 '조공'을 바치기 위해 통신사 사절을 보내온 것이라고 설명했다.

그리고 막부 말기에 접어들면서 일본 조야엔 조선 침략을 정당화하는 정한론征韓論이 점차 높아져 갔고 메이지유신 이후 일본은 무력으로 조선에 개항을 강요해 불평등 조약인 강화도조약(1876)을 체결한다. 이후 청일전쟁(1894~1895), 러일전쟁(1904~1905)에서 잇달아 승리

167

한 일본은 을사보호늑약(1905), 한일강제합병(1910) 등의 수순으로 조선을 손아귀에 넣는다.

스기타 겐파쿠의 생애(1733~1817) 중 두 차례(1748, 1764) 조선통신사가 에도에 왔다. 겐파쿠의 회고록에는 조선통신사에 관한 언급이 없으나 그가 에도에서 통신사 행렬을 구경했을 가능성도 없지 않다.

조선에 들어온 유럽 문물

겐파쿠 등이 일본에서 한창 난학을 꽃피우고 있을 무렵 조선의 서양 과학·기술 수용은 어떤 상태였을까? 겐파쿠 등이 인체 해부를 처음 참관하고 《타펠 아나토미아》 번역을 결의한 1771년은 조선 영조 46년, 겐파쿠가 난학의 눈부신 발전에 흐뭇해 하면서 회고록인 《난학사시》 집필을 완성한 1815년은 순조 15년에 해당한다.

막부가 네덜란드에만 제한적으로 무역을 허용해 일본에 서양 과학·기술이 단편적으로 전해지고 겐파쿠 등이 해부서를 번역함으로써 난학이 크게 발전하기 시작하는 시기는 대략 조선의 영조(1724~1776), 정조(1776~1800) 시대에 해당한다고 할 수 있다. 영·정조 시대는 현실과 동떨어진 주자학적 성리학이나 형식적 예학에서 벗어나 현실생활과 밀접한 학문을 연구하려는 학풍인 경세치용, 이용후생, 실사구시의 실학이 한창 번성한 시기다.

조선에 서양 문물이 처음 전해진 것은 임진왜란(1592) 때라고 흔히 추측한다. 고니시 유키나가 등 조선을 침략한 왜군 적장 중 기독교를 믿는 자들이 있었고, 전란 중 포로로 일본에 잡혀가 기독교를 믿게 된 조선인들이 귀환한 경우도 있었다. 이 과정을 통해 기독교와 서양 문물이 조선에 전해졌다고 일컬어지지만 관련 자료가 없어 정확한 경위는 불명이다.

임란 이후 조선에 서양 문물이 전해진 것은 일본보다는 중국을 통해서다. 16세기 초엽 서양인들이 인도를 거쳐 중국에 진출하면서 조선 사회에 서양이란 존재가 서서히 알려지기 시작했고, 극히 제한적이지만 중국을 통해 서양 문물도 전래한다. 그러나 극동의 가장 변방에 위치한 지리적 위치 때문에 그리고 조선왕조가 취한 쇄국주의 정책 때문에 서양인이 조선에 직접 와서 그 문물을 전하는 기회는 극히 드물었다.

15세기경부터 중국에 온 서양인 선교사들이 가져온 서양 학술서적이 대량으로 한역漢譯됐고, 16~17세기경 이들 책을 비롯한 서양 문물이 조선과 명나라(명나라 멸망 이후인 1636년부터는 청나라)의 사신 내왕을 통해 전해졌다.

주지하다시피 조선은 건국(1392) 후 명나라를 대국으로 섬기고 일본 등과는 교류하는, 사대교린事大交隣이 외교의 기본 틀이었다. 이 같은 외교정책에 따라 중국에 1년에 세 번씩 정기적으로 사신을 보냈다.

정월 1일의 하정사賀正使, 황제 생일의 성절사聖節使, 황태자 생일의 천추사千秋使가 그것이다. 후에 정기적으로 동지사冬至使가 추가되었다.

비정기적으론 조선이나 중국에 군주의 흥거, 사위嗣位, 책비 등이 있을 때에도 사절이 파견되었다. 이러한 사절 파견 목적은 주로 정치적이었지만 한편으로는 문화 교류와 교역도 이뤄졌다. 이 사절의 내왕을 통해 말, 인삼, 모시 등이 수출되었고, 견직물, 약재, 서적 등이 수입되었다.

소현세자와 아담 샬

조선이 서양에 대한 정확한 지식을 갖게 된 계기는 선조 말년인 1604년, 명에 갔던 사신 이광정 등이 유럽 지도 《곤여만국전도坤輿萬國全圖》를 가지고 온 때부터다. 이 무렵 이탈리아인 예수회 선교사 마테오 리치Mathe Ricci(이마두利瑪竇, 1552~1610)가 천주교리에 관해 1603년 저술한 《천주실의天主實義》도 전해졌다. 이 책은 불교와 도교를 부정하면서, 천당지옥설을 설명하고 있는데 땅덩어리는 원형이고 중국을 포함한 5대주로 되어 있다는 사실 등 서양 문물을 소개한다. 이같은 책은 유몽인, 이수광 등 조선 학자들의 우주관, 세계관을 바꾸는 등 의식 확대에 영향을 주었다.

그 뒤 인조 9년(1631), 중국에 사신으로 갔던 정두원이 《만국전도萬國全圖》, 《직방외기職方外紀》, 《서방국풍속도西方國風俗圖》 등과 화포, 천리경, 자명종 등을 가져와 제한된 조건 속에서나마 서양 문물을 접하게 되었다.

이리하여 인조(재위1623~1649) 대에는 서양 과학과 기술에 대한 관심이 점차 높아져 갔다. 병자호란(1636) 때 청나라 심양瀋陽에 볼모로 끌려간 인조의 장자인 소현세자(1612~1645)는 북

마테오 리치(왼쪽)와 청나라 관리

경에 갔을 때 그곳에 와 있던 예수회 소속 독일인 선교사 아담 샬Adam Schall(탕약망湯若望, 1591~1666)로부터 서양 역법 등 서양 근대 과학에 관련된 지식을 전수받고 천주교도 소개받았다. 그는 서양 문화에 대한 상당한 이해를 가지게 됐고 천구의天球儀, 천문서 등을 가지고 귀국(1645)했다. 그러나 그는 돌아온 지 두 달 만에 의문의 죽음으로 왕위에 오르지 못해 '서양 근대 문명을 주체적으로 수용할 수 있는 최초의 기회를 잃고 말았다'는 해석도 있다.

이후 북벌을 추진한 효종시대의 대외정책과 조선의 쇄국정책 때문에 청국을 통한 서양 문명 수입마저 적극적으로 이뤄지지 못했다.

16~17세기경 중국을 통해 조선에 전해진 《천주실의》, 《직방외

기》외에도《교우론交友論》,《동문산지同文算指》,《천문략天問略》등 서
양 서적 한역본은 이수광, 이익 ,신후담, 이가환, 안정복, 이벽 등의 실
학자들에게 많은 영향을 주었다. 특히 이들 서양 학술서의 번역본을
모아 편찬한《천학초함天學初函》은 진보적 학자들의 의식 세계를 넓히
는 길잡이가 되었다.

인조 6년(1628)엔 네덜란드인 벨테브레이Weltevree(1595~?)가 표
착해 왔는데 그는 이름을 박연朴淵(혹은 朴燕)으로 고치고 일생을 조선에
서 살았다. 그는 대포를 만드는 기술을 가졌기 때문에 훈련도감에 속
해 그 방면에 공헌했다. 그 뒤 효종 4년(1653)에는 역시 네덜란드인인
하멜Hamel 일행 30여 명이 제주에 표착해 13년 동안 조선에 머물렀
다. 하멜은 서울까지 왔다가 후일 탈출해 일본 나가사키를 거쳐 본국
으로 돌아갔다. 그가 귀국 후 쓴《표류기》는 한국을 처음 서양에 소개
한 글로 유명하다.

효종 4년(1653)에는 김육의 노력으로 새로운 역법曆法이 연구되고
이어 개량력이 시행되었다. 또 정약용은 청으로부터 구입한《고금도서
집성古今圖書集成》에 실린 장 테렌즈의《기기도설奇器圖說》에서 얻은 지
식을 기본으로 연구해 기중기를 고안했고, 이를 화성(수원성) 축조에 이
용하기도 했다. 그런가 하면 김석문, 이익, 홍대용 등은 지동설을 주장
했다.

홍대용의 《을미연행록》

　　　　　　　　　일본에 스기타 겐파쿠처럼 난학을 통해 서양 과학을 이해하려는 의사와 지식인들이 있었지만 거의 같은 시기 조선에도 새로운 지식과 문물을 흡수하는 데 목말라한 지식인들이 있었다.

　　영조 때 중국에 사신 수행원으로 간 홍대용도 그런 경우에 속한다. 당시 조선에선 청의 수도인 북경을 연경燕京으로 불렀고, 사절로 중국에 가던 일을 연행燕行, 그 여행기를 연행록燕行錄이라 했다. 홍대용은 한글 연행기인 《을미연행록》을 남겼다.

　　담헌 홍대용은 1731년(영조 7) 생으로 겐파쿠(1733년생)와 비슷한 연배다. 홍대용은 35세 때인 1765년(영조 41) 동지사冬至使의 서장관이 된 숙부 홍억(1722~1809)의 추천으로 자제군관子弟軍官으로 선정되어 연행 기회를 얻었다.

　　홍대용은 과거와는 인연이 먼 시골 선비였다. 숙부가 홍대용을 북경에 데려가려는 이유는 벼슬을 하지 못한 채 고향에서 공부하면서, 천문학 연구 등 자연과학에 관심이 많은 것을 알고 청나라의 선진 문물을 접할 기회를 주기 위해서였다. 당시 연경에 가는 것은 조선의 선비라면 누구나 선망하는 일생의 소원이었다. 벼슬에 오른 관리들은 연행사에 포

홍대용이 북경에 갔을 때 청나라 학자가 그린 홍대용의 모습

함되어 갈 수 있는 길이 있었지만, 초야의 선비들은 꿈에도 꿀 수 없는 일이었다. 홍대용은 자신의 중국 여행을 과거시험 합격에 비유할 정도로 기뻐했다.

홍대용은 30여 년 필생의 소원이 이뤄져 중원 땅을 밟기 위해 초겨울 압록강을 건널 때, 홍분에 겨워 시 한 수를 읊었다. 홍대용은 시에서 당시의 기쁨을 '하늘이 사람을 내되 쓸 곳이 다 있는데, 나에게는 중국 여행에나 쓰려고 하셨을 것'이라고 표현할 정도였다.

홍대용은 11월 2일 한양을 떠나 56일 만인 12월 27일 북경에 도착했다. 그는 1766년 3월 1일 북경을 떠날 때까지 3개월 동안 북경에 머물렀는데, 1월 8일 일관日官 이덕성과 통역관 홍명복을 대동하고 남천주당을 방문했다. 당시 북경에 가는 조선 사람들은 북경에 있는 천주교당 네 곳(동당, 서당, 남당, 북당)을 관광 코스처럼 찾아갔다. 홍대용은 독일인 선교사면서 청나라 관리인 흠천정감欽天正監으로 일하고 있던 유송령劉松齡(A.von Hallerstein), 흠천부감인 포우관鮑友官(A.Gogeisl) 신부를 만났다.

홍대용은 과학과 악기 등에도 조예가 상당히 깊었다. 특히 거문고의 명수인 그는 성당 안 파이프오르간을 보고 그 원리를 깨달아 시험 삼아 조선 음악을 연주하기도 했다. 홍대용이 "이것이 동방의 음악입니다"라고 말하자 유송령이 "잘한다"고 치하의 말을 했다고 연행록에 적었다. 홍대용은 이후 세 차례나 더 천주교당을 방문했고 선교사들을 만나 서양의 윤리와 학문에 대해 필담을 나누었다. 또 천체망원경을 보여 달라고 해 형태와 작동 원리를 꼼꼼히 기록하고 일식을 볼 수 있는 색유리를 끼운 작은 망원경을 천체망원경의 접안렌즈에 대고 흑점의 수가 바뀐 이유를 두 선교사에게 묻기도 했다.

당시 북경의 천주교당을 찾아간 조선 사람들은 서양 신부를 만날 기회를 얻기도 했다. 그러나 홍대용처럼 여러 차례 서양 신부를 직접 만나 서양 학문을 논하고 천문관측 기기를 직접 다루어 보는 기회를 얻는 경우는 아주 드물었다.

홍대용은 여섯 살 연하인 연암 박지원과 함께 당시 청과의 교류를 통해 문물을 발전시키려고 한 북학파의 선구자 중 하나였다. 홍대용은 귀국 후 박지원을 비롯한 동학들에게 자신이 천주교당에서 보고 들은 이야기를 전했고, 감탄해 마지않던 친구들 역시 북경행을 열망했다. 1778년 북경에 간 이덕무도 한 천주교당을 찾았지만 서양 신부들을 만나지 못했고, 천주교당이라도 구경을 하자고 했지만 그곳을 지키는 중국인들이 거부해 발길을 돌려야 했다. 박지원 역시 1780년 서 천주교당을 방문했지만 서양 신부를 만나지 못했고, 파이프오르간도 성당을 개축할 때 없어져 버려 구경조차 하지 못했다. 그나마 조선이 천주교를 사학邪學으로 규정해 탄압한 신해사옥(1791) 이후엔 연행사절 등의 천주교당 출입 자체가 어려워졌다.

어쨌든 연행사나 홍대용처럼 북경에 가 서양 신부를 만나고 서양 과학을 접하는 기회를 얻는 일은 극히 일부에게만 해당하는 일이었다. 거의 같은 시기 일본에선 난학이 발달하면서 일반인들 사이에도 서양 물건을 갖고자 하는 유행이 일었고, 의사들은《해체신서》등 서양 의학 번역서를 통해 배운 서양 의학 지식과 기술을 실제 의료에 사용하고 있던 것과는 차이가 많이 난다.

한편 16세기 말경 청나라에 들어온 천주교가 조선에 전해진 것도 중국과의 유일한 공식 교류 통로인 사신 왕래를 통해서였다. 일찍이 소현세자를 비롯한 이이명, 홍대용 등이 중국에 가서 서양 선교사들과 만남으로써 천주교를 접할 수 있었고, 관련 서적을 가져온 것이다. 국내에서 천주교 교리에 관한 연구가 시작된 것은 그로부터 몇년 후인 1770년대부터다.

당시 권철신, 정약종, 이벽 등 일부 진보적 학자들은 조선 창건 이래 지배 원리였던 성리학의 사상 체계에 비판적이었는데, 그들은 서양 문물과 함께 들어온 천주교에 관심을 가지고 교리를 연구하기 시작했다.

또 이들과 교분이 두터운 이승훈이 연행사 일행으로 북경에 가서 서양 선교사로부터 조선인으론 처음으로 영세를 받고(1783), 교리 연구를 위해 서적을 가져옴으로써 천주교가 본격적으로 포교되는 계기가 만들어졌다. 이처럼 동양을 세계의 전부로 알고 이를 중심으로 생각해 오던 조선 지식인들의 세계관, 우주관은 새로운 변화를 맞이하게 됐다.

아담 샬의 《주제군징》

　　　　　　　　여기서 서양 의술이 조선에 전해진 과정
을 구체적으로 살펴보자. 1622년(명나라 천계天啓 2년) 중국에 도착한 아
담 샬은 천문, 역학, 포술에 뛰어나 서양인으로는 처음 중국 관리에 임
명된다. 그는 천주교리를 전도하는 한편 역서 개정曆書改訂, 대포 주조
등의 업무에 종사하면서 많은 저서들을 발표해 명말청초의 중국 문화
발전에 크게 공헌했다.

　이 무렵 그가 지은 책《주제군징主制群徵》이 조선에 들어왔는데 어
느 때, 누구에 의해 들어왔는지는 불명이다. 소현세자가 북경에서 아
담 샬을 만났고, 귀국할 때 그가 역술한 천문, 산학算學, 교리서 등을
가지고 왔으므로 그때 함께 가지고 왔을 가
능성이 크다고 추정될 뿐이다.《주제군징》은
교리서의 일종으로 그리스의 철학 등도 소
개하고 있다. 아울러 당시 유럽에서 널리 알
려져 있던 로마시대 갈레노스Galenos의 〈인
체생리설〉도 간략히 소개했다.《주제군징》
에 실린 서양 의설醫說은 그 후 숙종, 영조
때의 거유인 성호 이익(1681~1763)의《성호
사설星湖僿說》권5에 〈서국의西國醫〉라는 제
목으로 생리설의 원리와 혈액 · 호흡, 뇌척

ⓐ 아담 샬

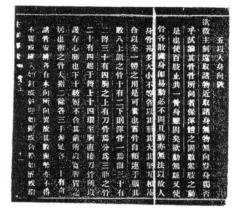

ⓐ 아담 샬이 지은《주제군징》표지(왼쪽)와 본문

수신경에 관한 이론이 처음 소개된다.

《성호사설》은 이익이 40세 전후부터 책을 읽다가 느낀 점이나 흥미 있는 내용들을 기록한 것과 제자들의 질문에 답변한 내용을 모아 나이 여든에 이르렀을 때(1760년경) 집안 조카들이 정리한 것이다. 이 책에는 그의 실학적 학풍과 해박한 학식이 집대성되어 있으며, 서양의 새로운 지식을 적극적으로 수용하고 있다.

이익은 '서양 의설이 중국 의학에 비해 더욱 자세하니 가히 몰沒할 수 없을 것'이라고, 서양 의설을 높이 평가했다. 이는 겐파쿠 등이 인체 해부를 참관하고 서양 해부서 번역을 통해 서양 의설이 중국 의학보다 실증적이고 정확하다고 판단한 사실과 맥을 같이한다고 할 수 있다.

〈서국의〉에 소개된 서양 의설은 용어의 특수성 등으로, 그 내용을 정확히 파악하기 어렵다고 하지만 한국의학사의 권위자로 불린 김두

종(전 서울대 교수, 1896~1988)의 《한국의학사》에
실린 개략은 다음과 같다.

성호 이익

1. 생리원칙 : 인체는 뼈와 살이 있어 그 형태를
갖추었으나 그 생生은 반드시 열熱에 기인된다.
피는 양기養氣와 동각動覺이 된다. 체내에는 심
心, 간, 뇌의 삼지三肢가 주요 기관이고 나머지는
모두 그의 소속이 된다. 간은 조혈 기관으로서 체
내의 기를 생하며, 심은 온열의 본원으로서 양기
를 제조하는데 그 양기와 혈액의 분포기관이 된

다. 뇌는 운동과 감각의 중추 기관이며 척수脊髓는 운동과 감각의 전도로傳導
路로서 뇌와 전신의 피육 및 오관을 연락케 한다. 그 연락의 분포는 심과 간으
로부터 발생하는 맥락과 그 체계를 같이한다.

2. 혈액 : 혈은 식화食化로부터 위를 지나 추麤와 세細가 모두 대락大絡으로
돌아가는데 그 세가 간에 이르러 혈액이 되고 녹이 재滓가 된다. 이때에 세를
존케 하고 녹을 분케 하는 정혈 작용은 비脾이며 신身을 해하는 고즙苦汁을 수
장收藏하는 것이 담膽이며 화化치 못하는 것을 장藏하는 것이 신腎이다.

비, 담, 신이 모두 혈액을 담는 기관이나 간과 같은 조혈 기관은 아니다. (중략)
혈은 맥으로 행하고 맥은 낙絡으로 총합總合한다. 낙이 간으로부터 출出한 자
가 둘이니, 하나는 상上하고 하나는 하下하여 각각 소맥으로 분하여 안으로 장
부臟腑, 밖으로 피부에 이르러 관통치 않는 바 없다.

심心은 출한 자가 2대락二大絡이 있어 하나는 상하고 하나는 하하여 세분하여 신身을 주周함이 모두 간맥肝脈과 같고, 다만 같지 않는 것은 간은 혈을 행하고, 혈을 존存하며, 심은 전혀 열세熱勢와 생양의 길을 인도케 한다.

3. 호흡 : 호흡은 심장의 호흡으로 신기新氣를 흡입하고 구기舊氣를 호출하여 곧 주신周身의 맥에 응한다. 조금이라도 응치 않으면 한열寒熱의 제 증상을 생한다하였을 뿐이고, 호흡과 폐장肺臟과의 관계는 언급되어 있지 않다.

4. 뇌척수신경 : 뇌는 운동과 감각의 중추이고 척수는 운동과 감각의 전도로다. 뇌피는 경硬, 연軟 두 가지 막膜으로 되어 있고 뇌신경은 6대對인데, 그중 1대가 위에 이르고 나머지는 5대는 5관管에 인도되어 혹은 움직이게 하고, 혹은 느끼게 한다. 척수로부터 30대가 나와 전신 피부에 분포된다.

연암이 소개한 화란류 처방

정조 때 북학파의 거두 연암 박지원(1737~1805)이 1780년(정조 4) 청나라 건륭제의 칠순연에 참석하는 연행사의 일원으로 동행할 때의 기행문인 《열하일기熱河日記》 권38 〈금료소초金蓼小抄〉에 네덜란드 의학에 대한 기록이 있다.

1780년은 스기타 겐파쿠 등의 《해체신서》가 발간된 지 6년 후다. 〈금료소초〉에서 박지원은 '내가 한북漢北(북경의 북쪽)에 있을 때 대리

경 윤가전尹嘉銓에게 근세 의서 중에 새로 운 경험방經驗方을 살 수 있겠는가 하였더 니 윤경尹卿의 말에 근세 화국和國에서 나온 소아경험방이 가장 좋은데, 이것이 서남해 중 아란타西南海中 荷蘭陀에서 나온 것이다. 또 서양 수로방西洋 收露方이 극히 정밀하 나 많이 효과를 보지 못한다. …… 내가 이 미 돌아가게 되어 아란 소아방과 서양 수로 방을 구하고자 하였으나 얻지 못했다'고 술

연암 박지원

회했다. 이 기록은 화란류 소아방과 서양 수로방이 조선에 수입되지는 않았으나, 이러한 처방들이 중국에 들어와 있다는 사실을 연암이 전해 듣고 있었음을 말해 준다.

우두종법은 1796년(정조 12) 영국인 의사 에드워드 제너Edward Jenner가 처음 발견했다. 중국에는 제너가 발견한 지 10년째 되던 1805년(순조 5) 처음 전해졌다. 이 종두법이 단시일 내에 중국에 수입 된 것은 중국 광동廣東에 주재하던 영국 동인도회사의 외과의사 영국 인 알렉산더 피어슨Alexander Pearson이 발표한 〈우두종법론〉을 토머 스 스탄튼Thomas Stanton이 한역해 그 책 이름을 《종두기법種痘奇法》이 라고 소개했기 때문이다. 이 책이 중국에 제너의 우두종법을 처음 전 한 책이다.

우리나라에는 실학파를 대표하는 학자인 다산 정약용(1762~1836)

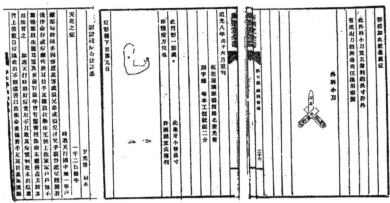

⊕ 종두기법을 소개한 정약용의 《마과회통》

의 《마과회통痲科會通》 권말에 부기된 종두기법으로 처음 소개되었다. 《마과회통》에 소개된 종두기법은 1828년(순조 28) 북경에서 중간된 《신증종두기법상실新證種痘奇法詳悉》을 인용한 것이다.

헌종(재위1834~1849) 대의 실학파 거두인 오주 이규경(1788~?)이 저술한 《오주연문장전산고伍洲衍文長箋散稿》 권12 〈종두변증설〉에는 다음과 같은 기록이 있다.

> 헌종 원년(1834) 기미己未 중에 일종의 기방奇方이 있는 것을 들었는데 정다산이 장藏하였다. 그 방은 다산이 비밀히 하여 사람들에게 보이지 아니하지만 전문한 바에 따르면 그 방은 우두종법이다.

이 항목에 적힌 종두 방법과 실행 순서가 정확한 것으로 보아 다산이 이미 이 방법을 실용했음을 짐작케 한다. 그러나 일시적으로 실시되던 우두종법은 천주교 박해에 따라 중단되고 말았다.

다산 정약용

이규경은 이 책에서 서양과 중국 문명을 비교해 '중국의 학문은 형이상학의 학문이며, 서양의 학문은 형이하학의 학문'이라고 언급한 뒤 우수한 서양의 기술을 습득할 것을 강조했다. 이처럼《주제군징》이 조선에 수입된 후 당시 거유들에 의해 서양 의설이 공공연하게 소개되었다는 것은, 이 책이 당시 학자들 사이에 널리 읽혔음을 짐작케 한다. 그러나 네덜란드 의사로부터 서양 의학을 직접 배우고,《해체신서》등 번역본을 통해 서양 의학을 실제 의술에 활용한 일본 의사들에 비해 조선의 의사들은 당시 직접적으로 서양 의술을 보고 배울 기회를 얻지 못했다.

중국에서 한역된 서양 서적을 통해 단편적으로 서구의 의학 지식 등을 접촉할 뿐이었다. 그나마도 조정의 '서학西學에 대한 압박으로 그 지식이 실제 술업에 응용되지 못하고 다만 서학에 유심한 일부 학자들의 호기심을 충족시키는 데 그치고 말았던 것'(김두종,《한국의학사》)으로 지적된다.

지금까지 알려진 바로는 당시 조선에서 서양 서적을 직접 번역한 책은 없었다. 조선에선 서양 의사나 서양 의학서를 직접 접할 기회가 없었고, 또 서양 언어가 가능한 사람도 없었기 때문에 겐파쿠 등과 같이 서양 서적 번역을 시도한 의사나 학자는 나타나지 않았다고 볼 수 있다.

최한기의 인체 해부도

19세기 후반, 최한기(1803~1877)의 저술인《명남루문집明南樓文集》중에는 서양 의학의 대강을 소개한《신기천험身機踐驗》(1866)과 함께 1851년부터 7년 동안 상해 인제의관에서 영국 의사 합신合信, Habson이 역술한 의서 다섯 종,《전체신론全體新論》(1851),《서의약론西醫略論》(1856),《내과신론內科新論》(1858),《부영신설婦嬰新說》(1858),《박물신편博物新編》(1858)도 전재되어 있다.

이들 의서 중《전체신론》은 전신 골격도부터 주신혈맥총관도週身血脈總管圖에 이르기까지 합계 271도에 이르는 근세 인체 해부도를 망라한 해부서다.

3권 1책으로 되어 있는《서의약론》은 의학총론, 중서中西 의학론, 약물론부터 골절, 탈골, 농상膿傷, 흉부, 위장, 눈, 귀, 코에 이르기까지의 외과서이며《내과신론》과《부영신설》은 내과학과 산부인과, 소아과에 관한 전문서다.《박물신편》은 물리, 화학, 생리학의 이과교서다.

이같은 한역 의서들이 언제 우리나라에 들어왔는지는 불명이나 《명남루문집》 이외에 규장각 문서 중에도 그 이름이 보인다. 그러나 이같은 의서들이 당시 실제 의술에 얼마나 영향을 미쳤는지는 알 수 없다. 다만 당시 서학에 관심을 가지고 있던 실학파 학자들을 통해 일반 의원들도 서양 의학에 차츰 관심과 흥미를 갖게 되었을 것으로만 추측되고 있을 뿐이다.

이처럼 중국을 통해 조선에 서양 문물이 전래됐지만 당시 조선을 지배하고 있던 성리학을 정통으로 하는 전통 사상의 벽에 부딪혀 그 수용은 더디게 진행되었다. 난학의 발전에 따라 서양의 과학과 문물이 실생활에 상당히 스며든 일본과는 달리 조선에선 서양 과학이나 지식이 거의 실용화되지 못했다.

겐파쿠가 죽은 뒤

《해체신서》 출간 후 서양 의학뿐 아니라 천문, 지리, 수학, 병학, 박물학 등 다양한 분야의 서적이 차례로 일본어로 번역돼 서양의 새로운 과학 지식이 일본으로 유입됐다. 영어 문법책과 영일사전 등도 만들어졌고, 코페르니쿠스의 지동설, 뉴턴의 만유인력을 비롯한 천문 지식이 소개됐다.

또 정확한 세계 지도가 만들어졌는가 하면, 에도시대 이전에 일본에 들어왔다가 막부의 쇄국정책 때문에 시들해진 서양풍의 원근법을 이용한 회화 기법도 난학이 발전하면서 다시 유행하게 됐다.

일본 과학사가들은 에도시대 난학이 발전할 수 있던 것은 무엇보다 서양 학문이 일본보다 진보, 발전했음을 당시 지식인들이 인식했기 때문이며, 일본의 과학 지식은 난학을 통해, 외국의 지식을 흡수하면서 독자적으로 발전해 갔다고 설명한다. 그리고 당시 일본에는 난학이 발전할 수 있던 토대가 되는 과학적 소양이 본래부터 있었고, 에도시대 일본인들이 무엇인가를 배우는 데는 아주 열심이었기 때문에 가능했다고도 주장한다.

네덜란드 상관의 의사로 부임해 온 독일인 지볼트

분야에 따라서는 서양에 필적하는 수준에 도달했다고 자랑하기도 하는데 일례로 '와산和算'이라 불리는 일본의 독자적인 수학은 세계 최첨단 수준에 달했다고 한다. 17세기에 활약한 수학자 세키 다카카즈關孝和(1640~1708)가 서양에 앞서 획기적인 원주율 계산법을 발견했다는 것이다.

또 난학을 가르치는 사숙인 난학주쿠蘭學塾가 전국에 우후죽순처럼 생겨났고, 서양에 관심이 있는 젊은이들은 이들 주쿠에서 신학문을 배웠다. 1820년대 중반, 나가사키 네덜란드 상관의 의사로 부임해 온 독일인 필리프 프란츠 폰 지볼트Philipp Franz von Siebold(1796~1866)는 나가사키에 의학을 가르치는 나루타키주쿠鳴瀧塾를, 난방의인 오가타 고안緒方洪庵(1810~1863)은 오사카에 데키주쿠適塾를 열어 많은 인재를 양성했다.

이들 난학주쿠 출신들은 그 후 막부 말기와 메이지유신시대에 걸쳐 일본을 변화시키는 매우 중요한 역할을 한다. 특히 30년간 문하생이 천여 명에 이르렀다는 데키주쿠 출신 가운데 많은 인재가 배출됐다. 근대 일본 육군을 창설한 오무라 마쓰지로大村益次郎(1824~1869)

◎ 후쿠자와 유키치의 초상화가 실린
현재 일본 화폐 만 엔권

게이오慶應 대학을 설립한 후쿠자와 유키치福澤諭吉(1835~1901) 등이
특히 유명하다.

　유키치는 막말유신幕末維新 시대에 활약한 저명한 교육가이자 계
몽사상가로 일본의 교육은 물론 근대화와 일본의 제국주의 노선에 이
론적 토대를 제공하는 등 큰 영향을 미쳤다. 그는 일본의 근대화 모델
을 아시아에서 벗어나 서양 문명국과 진퇴를 함께한다는, 이른바 '탈아
입구脫亞入歐'에 두고 문명개화 추진을 통해 한국과 중국의 분할에 일
본도 관여해야 한다고 주장했다. 이같은 주장은 일본을 제외한 아시아
국가들을 미개한 나라로 보고 이들 나라에 대한 침략을 정당화하는,
오늘날까지 지속되고 있는 일본인의 아시아 멸시관에 상당한 영향을
끼쳤다. 현재 일본 화폐 중 가장 고액권인 만 엔 지폐에 그의 초상화가
실려 있다.

　1823년 일본에 부임한 지볼트는 막부의 직할령 나가사키를 관장
하는 나가사키부교奉行의 특별한 호의에 따라 나가사키 교외에 개설이
허용된 의학교 나루타키주쿠에서 진료를 보는 한편 의학생에게 의학
뿐 아니라 자연과학 전반을 가르쳤다. 그는 5년 임기를 마치고 귀국하

188
§
일본 난학의 개척자, 스기타 겐파쿠

기 직전, 국외 반출이 금지된 일본 지도를 가지고 나가려 한 사실이 발각돼 국외 추방되고 일본인 관계자 50여 명도 처벌되는, 이른바 '지볼트사건'(1828)에 휘말린다. 그러나 그는 귀국 후 《일본》, 《일본동물지》, 《일본식물지》 등의 책을 저술해 일본 연구의 제1인자로 활약하며, 서양에 일본을 알리는 데 중요한 역할을 했다.

겐파쿠가 죽고 51년이 지난 1868년, 일본은 메이지유신이란 대변혁기를 맞는다. 260여 년간 지속된 도쿠가와 막부는 사쓰마 번과 조슈 번長州藩(지금의 야마구치 현 山口縣)이 중심이 돼 벌인 막부 타도를 위한 도막倒幕운동 등으로 무너지고, 왕정복고에 따라 교토에 은둔해 있던 천황이 새로운 수도가 된 도쿄(에도)로 옮겨 온다.

1869년, 그동안 다이묘들이 누리던 토지와 인민에 대한 세습적 권리를 정부에 반환하는 판적봉환版籍奉還이 단행되고, 1871년에는 260여 번을 폐지하는 대신 현을 설치하는 폐번치현廢藩置縣이 실시되는 등 에도시대의 구질서가 급속히 무너져 갔다. 메이지정부는 단시일 내에 정치, 행정, 군사, 재정 전반에 걸쳐 개혁정책을 단행하고, 중앙집권적 체제를 정비해, 부국강병 기치 하에 서양식 근대화에 박차를 가해 나간다.

유신 직후, 난학자 출신 정치가인 간다 다카히라神田孝平라는 사람이 도쿄 유시마湯島를 산책하다가 성당 뒤편 노점에서, 먼지투성이의 《和蘭事始》란 책을 우연히 발견했다.

필사본인 이 책을 유키치가 빌려 읽어 보고 크게 감동해 출판을 기

획한다. 유키치는 메이지 2년(1869), 이를 목
판본으로 출판하면서 책 제목《和蘭事始》중
'和'자를 지우는 대신 자필로 '蘭'자 뒤에 '學'
자를 붙여 써《蘭學事始》로 바꿨다. 이로써
겐파쿠의 회고록 이름이《蘭學事始》로 정해
지고, 일반에게도 널리 알려지게 됐다. 마에노
료타쿠와 같은 나카쓰 번 출신인 유키치는 이
책 서문에서 "선인先人의 고심을 알 것 같다.
그 굳은 용기에 놀라고, 그 성심성의에 감격한
나머지 울지 않을 수 없다"고 적었다.

이후《난학사시》에 실린 이야기가 일본 초, 중, 고교 등 각급 학교
교과서에 실리고 일본의 저명한 작가 기쿠치 간菊池寬이《蘭學事始》
(1921), 요시무라 아키라吉村昭가《冬の鷹(겨울의 매)》(1976)란 제목의
소설로 다루는 등 일본인들이라면 모르는 이가 없을 정도로 유명해졌
다. 이에 따라《해체신서》번역자로 돼 있으면서《난학사시》란 회고록
울 남긴 겐파쿠는 일본 근대 의학의 개척자란 불후의 이름을 얻게 된
것이다.

마에노 료타쿠에 대해서는 구라시게 지사쿠倉重治作의《란카선생蘭
化先生》(1894), 이와사키 가즈미岩崎克己의《마에노 란카前野蘭化 1, 2,
3》(1996) 등 후세 연구자들이 펴낸 학술 연구서가 있지만 일반인들에
겐 겐파쿠에 비해 덜 알려져 있다. 료타쿠의 이름이《해체신서》역자에

서 누락돼, 결과적으로 후세에 겐파쿠가《해체신서》역자란 명예를 독점하는 사태가 빚어진 것이다.

어쨌든 겐파쿠, 료타쿠 등이 뿌린 난학의 씨는, 겐파쿠의 말처럼 '한 방울의 기름이 못 전체로 퍼져 나가듯이' 막말에서 메이지유신기에 이르는 격동기 동안 일본인, 일본 사회에 알게 모르게 영향을 미치며 퍼져 나갔다. 몇몇 번의들의 개척자적 도전 정신으로 시작된 난학의 발달이, 일본의 근대를 바꾸는 하나의 토양 역할을 한 셈이다. 그런 점에서《해체신서》번역은, 네덜란드 출신으로 미국의 저명한 일본사학자였던 마리우스 B 잰슨(전 프린스턴 대학 교수, 1922~2000)의 말처럼 '미래에 심오한 여러 결과를 초래했다'고 할 수 있다.

그렇다고 해서 난학의 발전이 일본 의술이나 서민들의 생활을 완전히 서양식으로 바꾼 것은 아니었다. 난방의를 자처하는 대부분의 의사들이라고 해서 종래의 방식을 버리고 서양 의술만으로 진료를 한 것도 물론 아니었다. 그들은 중국식과 일본식이 혼합된 의료 기술에 간단한 수술 등 서양 의학 지식 일부를 추가했을 뿐이다.

중요한 것은 일본을 수천 년간 지배해 온 중국 중심의 세계관에 기초한 전래의 지식과는 다른, 실제성과 보편적 합리성을 가진 서양의 학문과 기술이 일본인, 일본 사회에 스며들어 일본의 근대를 변화시키는 중요한 요인으로 작용했다는 점이다. 그 변화가 일본의 근대화를 가져오는 데 그치지 않고, 조선 침탈과 중국 대륙 침략 등으로 이어진 것은 우리로서는 유감천만이 아닐 수 없다.

191

현대의 일본인 의학자 가운데는 노벨의학상을 수상한 사람도 나왔다. 겐파쿠의 의학 지식이나 기술은, 당시 서양 의학을 앞장서 받아들였다고는 하지만 미미한 수준이었을 것이다. 그러나 그가 서양 인체 해부서 번역이란 난업에 도전해, 자신이 살아간 당대는 물론 미래를 변화시켜 나가는 단초를 만든 것은, 노벨의학상 수상에 결코 뒤지지 않는 업적이라고 하겠다.

내가 스기타 겐파쿠杉田玄白라는 이름을 처음 알게 된 것은 일본 생활이 10년째 접어들던 무렵, 우연히 어떤 일본인 지인으로부터 전해 들으면서부터였다.

겐파쿠가 알파벳조차 모르면서 동료 의사들에게 네덜란드 전문 의학서를 번역해 보자는 무모하고 황당한(?) 제의를 했고, 이들은 악전고투 끝에 번역서《해체신서》를 출간해, 이후 일본에 '란가쿠蘭學의 융성'을 가져오는 선구자적인 역할을 했다는, 처음 듣는 이야기였다. 겐파쿠는 '규격화', '정형화'된 느낌의 현대 일본인과는 전혀 다른 유형의 인간으로, '그 시대엔 이런 사람도 있었구나' 하는 관심과 흥미가 일었다.

나는 그때 이토 히로부미에 대한 책을 국내에서 출판하기 위한 원고를 막 탈고했을 무렵이었는데 히데요시나 이에야스 류의 영웅호걸이나 정치인이 아닌, 번의에 불과한 사람이 당시는 물론 후일 일본인, 일본 사회에 광범위하게 영향을 미쳤다니, 이 사람의 전기를 한번 써

야겠다고 마음먹었다. 국내에선 난학에 대한 연구는 거의 없는 상태고, 스기타 겐파쿠의 이름을 아는 사람도 거의 없었다. 그래서 겐파쿠의 전기가 더욱 필요하다고 생각했다.

그에 관한 자료를 모아 훑어보니, 또 다른 흥미로운 인물이 있었다. 겐파쿠 등과 일본 역사상 첫 서양 의학서 번역이란 불후의 업적을 내는 데 가장 중요한 역할을 해 놓고도 정작 이름을 역자로 싣는 것조차 거부한 기인 마에노 료타쿠前野良澤. 말하자면 그는 목숨을 걸고서라도 자신의 소신과 신념을 굽히지 않는 대쪽 같은 조선시대 선비와 같은 유형이었다.

일본에선 겐파쿠와 극명히 대조되는 삶을 산 료타쿠에 포커스를 맞춘 연구서나 역사 소설이 있다. 그러나 이 책은 어쩔 수 없이 겐파쿠를 중심으로 하다 보니 료타쿠에 관한 부분이 상대적으로 소홀해졌다.

이 책을 쓰면서 18세기를 전후해 혹시 조선에서도 겐파쿠처럼 서양 의학 서적을 번역한 일이 있었는지를 알아보기 위해《한국의학사》 등 관련 자료를 나름대로 찾아보았다. 당시 조선에서 서양 언어를 구사할 수 있는 사람이 없었던 만큼 당연히 번역서가 없으리라고 생각했지만, 역시 그런 책이나 문서는 없었다. 혹시 그 시대 조선에서도 서양 서적을 번역한 사실이 있었는데도 자료를 찾지 못했다면, 그 책임은 전적으로 나에게 있다.

역사에는 가정이 없지만, 만약 조선시대 우리 조상 중에 누군가가 서양 인체 해부서를 번역해 '조선판《해체신서》'가 나왔다면, 그 후 우리 역사에 어떤 영향을 미쳤을까? 일본과 비슷한 현상이 나타났을까? 그래서 식민지로 전락하지 않은 채 자율적인 근대화를 이루는 하나의 토양 역할을 했을까? …… 이 책을 쓰는 동안 가끔 이런 부질없는 상상을 해보기도 했다.

겐파쿠의 회고록《난학사시》는 당초엔 전문 번역을 생각지 않았다. 마침 겐파쿠가 이 회고록을 탈고한(1815) 지 200년이 가까워 오고, 국내에 난학에 대한 연구가 거의 없는 만큼 기왕이면 전문을 번역, 소개하는 것이 앞으로 국내에서 난학에 관심을 가지는 이들에게 도움이 될 것 같아 욕심을 냈다.

스기타 겐파쿠의 전기를 써야겠다고 생각한 이후 5년여 동안 게으름과 개인 사정 등으로 작업은 차일피일 늦어졌다. 이제 겨우 묵혀 둔 숙제를 마치는 셈이다.

흔히 하는 말로 이웃이 싫으면 이사 가면 그만이지만 이웃 나라는 싫다고 해서 이사 갈 수도 없는 노릇이다. 일본은 최근 극우파 정치인들의 침략 부인, 위안부 관련 망언 등에서 보듯 잘 지내다가도 어느 날 갑자기 나빠질 수 있는 고약한 이웃과 같다.

바람직한 한일 관계를 위해서는 두 나라 사람 서로가 상대방에 대해 우선 사실대로 제대로 아는 것이 중요하다고 생각한다. 이 책이 일본 난학의 태동과 발전 과정, 나아가 일본의 근대를 이해하는 데 조그마한 도움이 됐으면 하는 바람이다.

이 책을 쓰면서 일본 자료 중 에도시대에 사용하던 용어와 표현 가운데 사전과 인터넷을 동원해 아무리 씨름을 해도 도저히 해독 불능인 부분이 있었다. 이 부분들을 해독하기 위해 끙끙대면서 변변한 번역 도구가 없던 겐파쿠 등의 번역 작업이 얼마나 힘들었는지를 새삼 알 수 있었다.

자력으로 어쩔 수 없는 해독 불능 부분은 《아사히신문》 도쿄 본사의 한국 관련 전문 기자인 사쿠라이 이즈미櫻井泉 부장과 고려대학교 일어일문학과 가나즈 히데미金津日出美 교수의 도움을 받았다. 사쿠라이 부장은 내가 가지고 있지 않은 난학 관련 책까지 사서 보내 주어 많은 도움이 됐다. 두 분에게 감사의 말씀을 올린다. 또 이 책이 나올 수 있는 기회를 준 삼성언론재단에 감사드린다. 자료 수집 등으로 이래저래 귀찮게 한, 도쿄에서 회사에 다니고 있는 집의 큰아이(관수)에게도 고맙다는 말을 해야겠다.

2013년 9월
소백산 자락에서
이종각

일본 자료

《江戸300藩県別うんちく話》, 八幡和郎, 講談社, 2003

《東アジアの中の日本と朝鮮》, 吉野誠, 明石書店, 2004

《冬の鷹》, 吉村昭, 新潮文庫, 1976

《蘭学事始》(現代文訳), 杉田玄白著, 緒方富雄訳, 岩波文庫, 1984

《杉田玄白, 平賀源内, 司馬江漢》, 杉田玄白外著, 芳賀徹責任編輯, 中央公論社, 1974

《杉田玄白》, 片桐一男, 吉川弘文館, 1991

《新装版解体新書》, 酒井シズ, 講談社, 1998

《新釈蘭学事始》, 杉田玄白, 長尾剛訳, ＰＨＰ研究所, 2004

《日本科学史》, 吉田光邦, 講談社, 1976

《日韓交流の歴史》, 日本歴史教育研究会, 韓国歴史教科書研究会, 明石書店, 2007

《前野蘭化》(1〜3), 岩崎克巳, 平凡社, 1996

《朝鮮医学史及び疾病史》, 三木栄, 思文閣出版, 1991

《解体新書》(複製序図の巻), 杉田玄白等訳, 地歴社, 1994

《マンガ日本史》, 杉田玄白, 朝日新聞出版, 2010

＜朝鮮と日本科学史＞, 薮内清, 한국과학사학회지, 4권1호, 1982

한국 자료

《고사통》, 최남선, 삼중당서점, 1944

《고쳐 쓴 한국근대사》, 강만길, 창비, 1994

《동서의학사대강》, 김두종, 탐구당, 1979

《산해관 잠긴 문을 한손으로 밀치도다》, 홍대용 저, 김태준 외 역, 돌베개, 2001

《성호사설》, 이익, 민족문화추진회 편, 솔, 2005

《새로 쓴 일본사》, 아사오 나오히로 외 편, 이계황 외 역, 창작과비평사, 2003

《아틀라스 일본사》, 일본사학회, 사계절, 2011

《일본근현대사》, W.G.비즐리 저, 장인성 역, 을유문화사, 2004

《조선상식문답》, 최남선, 기파랑, 2011

《한국의학사》, 김두종, 탐구당, 1966

《한국사신론》, 이기백, 일조각, 2002

《현대일본을 찾아서》(1〜2), 마리우스 B 잰슨 저, 김우영 등 역, 이산, 2006

《홍대용》, 김인규, 성균관대학교출판부, 2008

〈우리나라에 처음으로 소개된 서의설〉, 이영택, 大韓醫史學會, 《醫史學》 제4권 제2호, 1995

〈우리나라에 실용되어 온 인체 해부도〉, 이영택, 《서울대학교논문집》, 자연과학 제5집, 1957

스기타 겐파쿠杉田玄白 연보年譜

1733년(1세)	지금의 도쿄 신주쿠에 있던 오바마 번저藩邸에서 출생(9월 13일). 아버지는 오바마 번의 시의侍醫. 어머니는 겐파쿠를 난산한 뒤 사망.
1749년(17세)	아버지에게 의학을 공부하겠다는 뜻을 밝힘. 한학과 오란다류 외과를 배움.
1751년(19세)	오바마 번의 시의가 됨.
1757년(25세)	도쿄 니혼바시 근처에서 동네 의사로 개업.
1765년(33세)	오바마 번의 오쿠 의사로 승진.
1766년(34세)	봄에 마에노 료타쿠와 함께 나가사키야를 방문, 대통사를 만남.
1769년(37세)	아버지 사망(79세).
1771년(39세)	나카가와 준안의 중개로《타펠 아나토미아》입수(2월 말). 형장에서 료타쿠 등과 처음으로 후와케(인체 해부)를 참관(3월 4일)하고 귀갓길에《타펠 아나토미아》번역을 결의. 3월 5일부터 료타쿠 자택에서 번역 작업 시작.
1773년(41세)	《해체약도》출판(1월). 안도 도키에와 결혼(5월).
1774년(42세)	《해체신서》출판(8월). 쇼군 등에게《해체신서》를 헌상.
1776년(44세)	니혼바시 하마쵸에 땅을 구입해 별도의 집을 마련.
1778년(46세)	다케베 세이안의 3남 료사쿠, 겐파쿠 문하에서 수학을 끝내고 귀향. 오쓰키 겐타쿠가 겐파쿠 문하생으로 입문.
1782년(50세)	다케베 세이안의 5남 쓰토무를 양자로 받아들임. 그는 이름을 하쿠겐으로 바꿈.
1788년(56세)	처 안도 도키에 사망(43세). 후처 이요를 맞아들임.
1789년(57세)	양자 하쿠겐이 장녀 오기와 결혼(2월).
1792년(60세)	겐파쿠 60세, 료타쿠 70세 합동 축하연(11월).
1797년(65세)	에도 대화재로 겐파쿠 자택도 피해를 입음, 이재민 수용 시설로 이사(11월).
1798년(66세)	자택에 서재 신축하고 이사.
1801년(69세)	오바마 번 시의 근속 50주년 축하연(1월).

§

일본 난학의 개척자, 스기타 겐파쿠

1802년(70세) 겐파쿠 70세, 료타쿠 80세 합동 축하연(9월).

1803년(71세) 료타쿠 사망(10월 17일, 81세).

1805년(73세) 쇼군 알현(7월).

1807년(75세) 양자 하쿠겐에게 집안을 물려주고 은거. 하쿠겐, 번의 오쿠 의사로 승진.

1809년(77세) 희수(77세)를 기념하여 휘호 '서양의술지요'를 씀(4월).

1811년(79세) 중병으로 위독했으나 기적적으로 완쾌(윤 3월).

1815년(83세) 회고록《난학사시》탈고(4월).

1817년(85세) 신년 휘호로 '의사불여자연'을 씀. 사망(4월 17일).

스기타 겐파쿠 회고록, 《난학사시》 전문

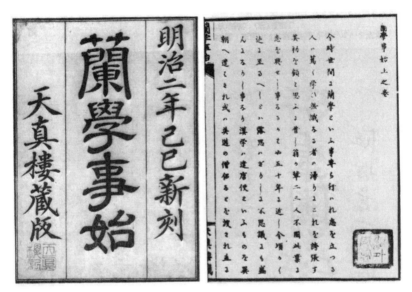

ⓐ 메이지유신 직후 발간된 스기타 겐파쿠의 회고록 《난학사시》 표지(왼쪽)와 본문 첫 페이지

스기타 겐파쿠杉田玄白(1733~1817)는 네덜란드 의학서《타펠 아나토미아》를 동료들과 번역해《해체신서解體新書》란 이름으로 출간(1774)한 뒤, 만년(83세)에 난학에 관한 회고록인《난학사시》(1815)를 탈고했다. '蘭學事始'는 '난학이란 일의 시작'이란 뜻으로 일본어로는 '란가쿠 고토하지메'라고 읽는다.

난학을 개척한 스기타 겐파쿠 등의 업적은 메이지유신(1868) 이후 더욱 각광받기 시작했다. 본문에서 언급했지만 유신 직후인 1869년, 도쿄의 노점에서 한 난학자가 우연히 필사본으로 전해져 오던 겐파쿠의 회고록《和蘭事始》를 발견했고, 이를 당시 저명한 교육자인 후쿠자와 유키치福澤諭吉가 빌려 읽고 감동했다. 유키치는 책 이름을《蘭學事始》로 바꿔 출간(1869)해, 일반에 널리 알려지는 계기가 됐다. 이에 따라《해체신서》번역에 관한 이야기는 일본이 근대 교육을 실시하면서, 각급 학교 교과서에도 일제히 실리게 됐다.

메이지유신 이후 지금까지《난학사시》는 일본의 각 출판사에서 경쟁적으로 출판했다. 이 책은 그동안 수십만 권 이상 팔린 스테디셀러로, 지금도 현대 일본어로 정리한 여러 종이 서점에 진열돼 있다.

이 책을 저술할 때 겐파쿠는 여든셋의 고령에다《해체신서》번역 작업을 한 지 40여 년이 지난 때여서, 내용 중 기억이 틀리거나 사실을 잘못 알고 있는 부분도 상당수 있다고 지적받는다. 예를 들면 유학자 아오키 분죠青木文藏가 나가사키에 간 일이 없는데도 네덜란드어를 배우기 위해 갔다든지,《해체신서》출간 후 조정 대신들에게 한 부씩 보내면서 직위를 혼동한다든지, 나가사키 통사들을 만난 연도를 착각해 기술했다. 그런가 하면, 《타펠 아나토미아》 번역 과정에서 코 부분과 관련한 에피소드도 원서엔 그 단어가 없다.

그리고 겐파쿠가 《타펠 아나토미아》에 기술된 서양 의술의 실제성, 정확성에 감탄한 나머지 인체 내부에 대한 이해가 서양 의서에 비해 뒤떨어진 한의학漢醫學을 부정적으로 보는 시각이 두드러진다. 한의학이 서양 의학이 해결하지 못하는 분야에서 독자적 역할을 하고 있음에도, 그는 한의학의 장점은 간과한 채 단점만 지적하고 있다. 또 회고록의 일반적 단점인, 자신에게 유리한 사실 위주로 서술하고 있다.

그러나 이런 단점에도 불구하고 이 책은 난학을 개척한 인물이 직접 기술한 유일한 회고록으로서, 난학이 처음 어떻게 시작돼 점차 일본에 확산, 발전돼 갔는지를 말해 주는 일급자료임엔 틀림없다. 국내에서 이 책은 극히 단편적으로만 소개된 상태여서, 현대 일본어판을 참고로 전문을 번역했다. 가급적 원문을 살리려 노력했으며 독자의 이해가 곤란하다고 생각되는 부분만 의역했다.

원문에는 소제목과 단락 구분이 없으나 독자의 편의를 위해 역자가 임의로 소제목을 달고 단락을 구분했음을 밝힌다.

1.

난학과 한학

최근 세상에 '란가쿠蘭學'(이하 난학)란 것이 매우 유행하고 있는데, 뜻이 있는 사람들은 열심히 배우고 있으나, 지식이 없는 사람들은 무턱대고 그것을 대단하다고 생각한다. 이 난학의 시작을 생각해 볼 때, 예전 친구 두세 명이 우연히 같이 시작한 일인데, 벌써 50년 가까이 돼 간다. 지금처럼 되리라고는 전혀 생각지 못했다. 이상하리만치 크게 유행하고 있다.

한학은 옛날 견당사遣唐使를 중국에 보내거나, 학식 높은 승려를 유학 보내 직접 저쪽 나라 사람들로부터 배우게 했고, 그 사람들이 귀국한 뒤엔 여러 계급의 사람을 교육 지도하게 했다. 이에 따라 한학이 점점 세상에 널리 퍼져나가게 되었다.

난학은 한학이 전파해 나간 과정과 같은 일이 전혀 없었다. 그런데도 오늘날 이같이 널리 유행하게 된 이유는 무엇일까?

대체로 의학이란 것은 그 가르침이 모두 실질을 중시하므로, 배우는 쪽도 다른 학문보다 이해하는 것이 빠를 것이다. 거기에다 '오란다和蘭류 의학' 자체가 아주 새롭고 여러 가지 뛰어난 외국식 요법이 있는 것처럼 세상 사람들이 생각하기에 간교한 자들은 '오란다류 의학'을 간판으로 선전해, 돈벌이를 하려고 하고 있기 때문에, 널리 퍼져 가고 있는 것일까?

2.

<u>오란다만 예외로 한 쇄국</u>

그런데 여기서 예부터 오늘까지, 우리나라와 외국과의 관계를 생각해 보고 싶다. 덴쇼天正(1573~1591), 게이초慶長(1596~1614) 연간에 서양 사람들이 점점 우리나라 서쪽 변방에 온 것은, 겉으로는 무역을 하기 위해서라고 했다. 그러나 뒤로는 우리나라에 좋지 않은 목적을 가지고 있었다.

그 결과 여러 재앙이 일어나, 도쿠가와德川 치세 이래 그들 나라와의 통상이 엄금됐다. 이는 세상에 널리 알려져 있는 일이다. 그 원인이 된 사교邪敎-기독교에 대해서 나는 전혀 모르는 문외한이므로 말할 바가 없다. 다만 그때 유럽 무역선을 타고 온 의사들이 전한 외과 의료기술은 전해 내려오는 것이 있다. 그것을 세상에선 '남만류南蠻流 외과'라고 말한다.

그때부터 오란다 배만은 통상이 허용돼, 히젠肥前(지금의 사가 현佐賀縣과 나가사키 현長崎縣 일부)의 히라도平戶에 기항이 인정됐다. 이국선異國船 금지 법령이 정비된 후에도 막부는 오란다만은 유럽의 좋지 않은 나라와는 다른 나라라고 판단해 계속해서 기항을 허용했다. 이같은 사정에 게이초 14년(1609) 히라도에 오란다 상관商館이 세워졌고, 그때부터 27년 후인 간에이寬永 13년(1636)에는 나가사키에 데지마出島란 작은 섬이 만들어졌다. 당시 포르투갈과 우리나라는 소규모 무역을 계속했는데, 포르투갈인은 오란다인과 달리 기독교를 우리나라에 전파하려 했다. 이 때문에 포르투갈인을 수용하고 관리하기 위해 만들어진 것이 이 데지마였다.

간에이 16년(1639)에는 포르투갈 배 도항이 전면 금지되고, 데지마에 수용하고 있던 포르투갈인은 전부 추방됐다. 비어 있는 그곳에 오란다인들을 살게 하고, 오란다 상관을 옮긴 것이다. 오란다 상관이 히라도에 세워진 지 33년째(1641) 되던 해의 일이다. 이렇게 해서 오란다 배는 매년 나가사키에 오게 됐다.

오란다 배에 타고 오는 의사들이 우리 의사들에게 그쪽 외과 의료 요법을 전하는 일이 많아진 것 같다. 이것을 '오란다류 외과'라고 한다. 이들은 본래 '요코모지橫文字(가로로 쓴 문자, 즉 서양 문자)'로 된 책을 읽어, 배우고 익히는 것이 아니었다. 단지 오란다인 의사들이 하는 수술을 견학하고, 처방을 들어 일본어로 적는 정도였다. 게다가 우리나라에는 없는 약이 많았기 때문에, 환자를 볼 때도 대용 약을 사용할 때가 많았다.

3.

오란다어 통역들의 탄원

그때 '니시류西流'라는 외과의 일가가 형성됐다. 그 집안의 선조는 유럽 무역선 '남만선南蠻船'의 통역을 하던 '쓰지通詞(통사)' 니시 젠자부로 西善三郎라는 사람으로, 유럽 의술을 받아들여 사람들에게 베풀었다.

그러나 유럽 배의 입항이 금지되고부터 그는 오란다어 통역이 돼 오란다 의술도 전했다.

이처럼 니시는 남만류와 오란다류를 겸해 '남만 · 오란다 양류兩流'라고 자칭했는데, 세상에선 '니시류'라고 불렀다고 한다. 당시 이같은 일은 아주 드물었기 때문에 크게 유행했고, 그도 유명해졌다. 그는 후일 막부 전속 의사(관의)로 기용됐다.

도쿠가와 치세 초기, 서양과 관련해 여러 일이 일어나, 모든 것이 엄격히 금지되었다. 이 때문에 내항이 허용되고 있던 오란다조차도 자기네 나라에서 사용하는 문자를 우리나라에서 읽고, 쓰는 일은 금지되었다. 오란다어 통사들도 단지 오란다어를 일본어 가타가나[片仮名]로 쓰는 정도고, 그것을 입으로 외워 통변通辯 일을 하고 있었다. 이같은 상태로 세월이 지났는데, 사정이 사정인지라 그동안은 서양 문자를 쓰고 읽는 것을 배우고 싶다는 사람도 없었다.

그런데 세상만사는 언젠가는 때가 오는 법인지라, 8대 쇼군 요시무네吉宗 공 치세 때 나가사키의 오란다어 통역인 니시 젠자부로와 요시오 고자에몬吉雄幸左衛門, 또 한 사람은 이름을 잊어버렸는데, 이 사람들이 모여 다음과 같이 상의했다고 한다.

지금까지 통사 집안이 우리나라와 오란다 간의 일을 전부 맡아 왔으나, 그러면서도 저쪽 나라의 문자를 알지 못한 채, 다만 암기하고 있는 말로 통변하고 있다. 복잡한 일이 많은 이 통변 일을 지금까지는 그래도 어떻게 해 왔으나, 아무래도 우리들의 오란다어가 불충분하다. 어떻게 해서든 우리만이라도 서양 문자를 배워서 저쪽 나라의 책이라도 읽을 수 있도록 허가를 받을 수 없을까? 그렇게 되면 그때부터는 만사에 있어 저쪽 사정을 잘 알게 돼, 통변 일도 더 잘할 수 있을 것이다. 현재 상태로는 저쪽 나라 사람에게 속임을 당하는 일이 있다 해도, 그것을 알 도리가 없다.

이같이 의견을 모은 세 사람은 막부에 통사인 자신들만이라도 오란다어를 배울 수 있도록 허용해 줄 것을 상신했다. 그러자 지극히 타당한 이유라며 허가가 났다는 것이다. 오란다가 우리나라에 도항하게 된 이래, 백여 년이 지난 때의 일이다. 이것이 우리나라에서 최초로 서양 문자를 배우게 된 일이라고 한다.

이렇게 해서 서양 문자를 배우게 됐는데, 니시 젠자부로 등은 우선 '콘스토워르도(사전)'을 오란다인들에게 빌려, 세 번이나 베껴 썼다고 한다. 오란다인들은 이 모습을 보고, 정성에 감동해 사전을 니시 씨에게 선물로 주었다고 들었다.

4.

쇼군 요시무네, 오란다어 책을 열람하다

이같은 일이 자연히 '우에사마上樣(윗분, 막부의 쇼군)' 귀에도 들어가게 된 것 같다. 막부로부터 '지금까지 우에사마가 오란다 책을 보신 일이 없으므로, 무엇이든 적당한 책 한 권을 들여보내도록 하라'는 지시가 있었다. 그때 무슨 책인지는 알 수 없으나, 그림이 들어 있는 책을 보냈다. 그것을 보신 우에사마가 '이것은 그림만 보아도 아주 정교한 것으로 그 안에 쓰여 있는 글을 읽을 수 있다면, 반드시 여러모로 도움이 될 것이다. 에도에도 누군가가 오란다어를 배워 익히는 것이 좋을 것'이라고 말했다. 이에 따라 관의 노로 겐조野呂玄丈, 유학자 아오키 분조青木文藏에게 오란다어를 학습하라는 명이 떨어졌다.

막부에서 일하는 사람으로는 처음으로 오란다어를 배우게 된 두 사람은 열심히 공부했다. 그러나 이들의 오란다어 공부는 아주 힘들었다. 나가사키에 살면서 오란다인들을 직접 만나는 기회가 많은 통사와 달리, 두 사람이 오란다어를 배울 수 있는 기회는 제한돼 있었다. 매년 봄에 한 번씩 오란다 상관장 일행이 에도에 와 우에사마에게 문안 인사를 올릴 때, 따라온 통사들을 잠깐 만나는 정도였다.

두 사람은 막부의 공직을 맡은 만큼 평소에는 바빠서 여유를 갖고 공부할 시간이 없었다. 그래서 몇 년이 지났을 때, 두 사람의 오란다어 실력은 명사 몇 개를 외우는 정도였다. 예를 들면 '손(해)', '만(달)', '스테루레(별)', '헤메루(하늘)', '아루도(땅)', '멘스(사람)', '다라카(용)', '테이게루(호랑이)', '프로이무보무(매실)', '바무부스(대나무)' 같은 것이었다. 그리고 '오란다 25문자(알파벳)'를 써 보며 익히는 정도에 불과했다. 그러나 어쨌든 이것이 에도에서 오란다어를 배우기 시작한 최초의 일이다.

5.

기인, 마에노 료타쿠

그런데 내 친구 중에 나카쓰 번中津藩(지금의 오이타 현大分縣) 의관으로 마에노 료타쿠前野良澤란 사람이 있다. 이 사람(1723년생)은 어릴 때 부모를 잃었는데, 요도 번淀藩(지금의 교토 부京都府)의 시의인 외삼촌 미야타 젠타쿠宮田全澤란 사람이 키웠다. 이 젠타쿠라는 사람은 박학다식한 기인으로, 좋아하는 일도 보통 사람들과는 달랐다. 료타쿠를 교육시키는데도 역시 일반 사람들과는 달랐다고 한다.

이 젠타쿠란 사람은 료타쿠에게 세상에서 없어져 가는 예능을 배워 그것을 후세에 전하는 것이 인간의 책무이며 예능뿐만 아니라 만사 사람들이 버리고 하지 않으려는 일을 해, 세상을 위해 후세에 전하는 노력을 하지 않으면 안 된다고 가르쳤다. 료타쿠라는 사람도 타고난 기인으로, 외삼촌의 가르침을 충실히 따랐다. 의학적으로는 유명한 한방의인 요시에키 도도吉益東洞의 가르침을 충실히 따르는 한편 예능 방면에선 당시엔 거의 사용치 않던 피리인 '히토요기리'를 열심히 배워 그 비곡秘曲까지 연구했다.

그리고 이상한 것은 '사루와카교겐猿若狂言'(지금의 코미디와 유사한 일본 전통 소극笑劇) 모임이 있다고 들으면, 이 모임에도 나가 배웠다고 한다. 그는 이처럼 기발한 것을 즐기는 성격이었기 때문에, 아오키 분조 씨의 문하에 들어가 오란다어 문자와 약간의 오란다 말도 익혔다. 료타쿠가 후일 저술한 《난역전蘭譯筌》을 보면 이런 대목이 있다. 같은 번의 동료인 사카 고오坂江鷗라는 사람이 어떤 오란다어 문건을 보이며, "이것을 읽어 의미를 알 수 있는 것인가"라고 물었다. 료타쿠는 문건을 받아 훑어보며 곰곰이 생각했다. "아무리 나라가 다르고, 언어가 다르다고 해도 같은 인간이 사용하는 것이 아닌가. 나라고 못 할 이유가 있겠는가." 그래서 그것을 읽어 보려고 마음먹었다고 한다.

그러나 어떻게 시작해야 할지 몰라 매우 안타깝게 생각했는데, 그 뒤 우연히 아오키 선생이 오란다어 학문을 연구하고 있다는 말을 듣고 그 문하에 들어가 오란다어를 배우기 시작했다.

아오키 선생으로부터는 선생이 저술한 오란다어 입문서 《화란문자약고》 등의 책을 익히는 한편, 선생이 배워 알고 있는 것은 전부 알아야겠다며, 열심히 물어보면서 공부했다고 한다. 이것은 아오키 선생이 나가사키에서 에도로 돌아온 후의 일이라고 들었다. 선생은 엔쿄延享 (1744~1747) 무렵 나가사키에 가셨다고 생각한다.

료타쿠가 아오키 문하에 들어간 것은 아마도 그 뒤의 호레키寶歷 (1751~1763) 말이나 메이와明和 (1764~1771) 초로, 이때 그는 나이 마흔을 넘겼다. 이것이 의사로서, 그것도 관직에 있지 않은 일반인이 오란다어를 배운 처음이다.

6.

《홍모담》 발매 금지 사건

그러나 당시 일반인들은 쓸데없이 서양 문자에 관심을 가지지 않으려 했다.

예를 들면, 그때 본초학자라고 불리던 고토 리슌後藤梨春은 오란다에 관해 들은 여러 일들을 모아 일본어로 써서 《홍모담》이란 소책자로 출판했는데, 그 가운데 오란다어 25문자가 들어간 것이 문제가 돼 어디로부터인가 문책을 받고, 책은 절판된 일이 있었다.

그 뒤의 일인데, 야마가타 번山形藩(지금의 야마가타 현) 의사인 야스토미 기세키安富寄碩란 사람이 에도 고지마치麴町에 살고 있었다. 그는 나가사키에 유학을 가 '오란다 25문자'를 배운 뒤, 그 문자와 '이로하ィ口ハ 47문자(일본어 가나 문자를 배열하는 순서)'를 비교한 표 같은 것을 가지고 돌아와 사람들에게 자랑하며 오란다어 책도 읽을 수 있다고 말했다. 나도 그 이야기를 듣고 매우 드문 일이라고 생각했다. 나와 같은 번 출신인 나카가와 준안中川淳庵 등도 고지마치에 살았는데, 야스토미로부터 처음 오란다어를 배웠다.

7.

료타쿠와 오란다어 통역을 방문하다

나는 료타쿠가 전부터 오란다에 관심을 갖고 있었는지 잘 몰랐다. 상당히 오래된 일이어서 연월을 잊어버렸지만 아마도 메이와 원년(1764)인 것 같은데, 그해 봄 언제나처럼 오란다 상관장 일행이 에도에 인사를 올리기 위해 왔을 때였다.

어느 날 료타쿠가 우리 집으로 찾아왔다. "지금 어디로 갈 예정이냐"고 물어봤더니, "오늘 오란다인들의 숙소로 가, 통사를 만나 오란다에 관해 들어 보고, 그쪽 사정이 괜찮으면 오란다어 등도 물어보려고 한다"고 말했다. 나는 그때 나이도 젊고, 혈기도 왕성해, 뭐든지 하고 싶어 할 때여서, "어떻게 나도 같이 데려가 주지 않겠느냐, 나도 같이 물어보고 싶은 것이 있다"고 말했다. 료타쿠는 "그건 어려운 일이 아니다"며 나를 데리고 오란다인들이 묵는 숙소로 갔다.

그해 오란다 상관장 일행이 에도로 왔을 때 대통사로는 니시 젠자부로가 왔다. 료타쿠의 소개로 내가 여차여차해서 "오란다어를 배워 보고 싶다"고 말하자, 니시는 "그건 그만두는 것이 좋을 것"이라고 말했다. 그 이유를 물어보자, 그는 다음과 같이 말했다.

오란다 말을 배워 이해하는 것은 매우 어려운 일이다. 예를 들어 물이나 술을 '마신다'는 말을 물어보려면, 먼저 손짓으로 물어보는 수밖에 없다. '술을 마신

212

§

다'는 말을 물어보려면 먼저 잔이라도 들어, 따르는 시늉을 하고, 입을 댄 뒤 '이것은?' 하고 물어본다. 그러면 고개를 끄떡이며 '드링키'라고 가르쳐 준다. 이것이 '마신다'는 것이다.

그런데 '술이 센 사람'이나 '술이 약한 사람'이란 말은 단순히 손짓으로는 물어 볼 수도 없다. 술이 세다는 뜻을 표현하려면 몇 번이고 꿀꺽꿀꺽 마시는 동작 을 보여야 하고, 술이 약하다는 뜻은 조금만 마셔도 금방 취한다는 얼굴을 보 여야 한다. 그러나 술에 강해도 반드시 술을 좋아한다고 할 수는 없고, 술에 약 해도 술을 좋아하는 사람이 있다. 이것은 마음의 문제이므로 동작으로 표현할 수 없는 것이다.

그리고 '좋아해서 즐긴다'는 말은 '안테렛켄'이라고 한다. 나 자신은 통사의 가 정에서 태어나, 어릴 때부터 통변 일에 익숙해 있으면서도 이 말 뜻을 몰랐는 데, 나이 오십이나 돼 이번 에도에 오는 길에 겨우 처음 뜻을 알게 됐다. '안' 이란 말은 본래 '향하다'는 뜻이고, '테렛켄'은 '끌다'는 뜻이다. 즉 '안테렛켄' 은 '저쪽의 것을 끌다'는 뜻이다. 술이 센 애주가도, 저쪽의 것을 자신의 옆으 로 끌어당기고 싶은 것이다. 즉 '좋아한다'는 의미가 되는 것이다. 또한 그 말 은 고향을 생각한다는 뜻도 된다. 이것도 고향이 그리워 자신의 가까이에 끌어 당기고 싶다는 마음이 있기 때문에 생겨난 것이다. 저쪽 나라 언어를 계속해 배운다는 것은, 이처럼 매우 어렵고 귀찮은 일이다. 우리처럼 아침부터 밤까지 오란다인을 만난다고 해도, 결코 쉬운 일이 아니다. 하물며 에도 같은 곳에 있 으면서 오란다어를 배우려고 생각하는 것은 불가능한 일이다. 노로, 아오키 두 선생도 오란다어를 익히기 위해 매년 이 숙소에 들르고, 열심히 공부하고 계시

나 크게 성과가 없는 상태다. 그러니 당신들도 그만두는 것이 나을 것이다.

이 말을 료타쿠가 어떻게 받아들였는지는 알 수 없지만, 나는 조급한 성격이어서 그 자리에서 그의 이야기가 지당하다고 생각했다. 나에겐 그렇게 성가신 일을 해낼 끈기도 없었고, 그런 일로 쓸데없이 세월을 허비하는 것은 무익한 일이므로, 무리해 가며 배울 필요는 없다고 생각하며 그대로 돌아왔다.

8.
공전의 인기, 오란다 물건

이 무렵부터 오란다에서 건너온 물건이라면, 뭐든지 귀중하게 여기는 풍조가 생겨났다. 조금이라도 호사가라 불리는 사람들은 오란다 물건이라면 뭐라도 모아서 애호하는 것이 유행이었다.

돌아가신 다누마 오키쓰구田沼意次 공이 로주老中로 정치를 펼치시던 때(1772~1788)는 경기가 좋아, 세상이 매우 흥청되던 시대였다.

웨루가라스(청우계), 테르모메토루(한란계), 돈도루가라스(라이덴병, 축전지의 일종), 호쿠토메토루(비중계), 돈쿠루카무루(암실 사진기), 토후루란타렌(환등기), 손그라스(선글라스), 루부르(메가폰)……

이런 물건들이 오란다 배를 통해 우리나라에 들어왔다. 그 이외에 시계, 망원경, 유리세공품 등 오란다에서 들어온 물건들은 헤아릴 수 없을 정도로 많았다. 사람들은 그 물건들의 정교함에 감심하고, 그 원리의 미묘함에 감복했다. 매년 봄 오란다 상관장 일행이 에도에 머무르는 동안은 자연히 그 숙소에 많은 사람들이 몰려들게 되었다.

몇 년도의 일인지는 잊어버렸지만, 메이와 4년(1767)인가 5년(1768)의 일로 기억한다. 가피탄(상관장)으로 얀 카란스, 외과의로 바부루란 사람이 에도에 왔다. 카란스는 박학다식했고, 바부루는 외과의로서 실력이 뛰어났다고 한다. 이때 대통사로 수행해 온 요시오 고자에몬吉雄幸左衛門은 오로지 바부루를 선생으로 모셨다고 한다. 요시오는 외과의로서도 명성이 높아, 먼 곳에서 나가사키까지 찾아가 그의 문하에 들어간 사람이 많았다. 나는 그런 이야기를 전해 들었기 때문에, 에도에 온 요시오의 문하생이 돼 그로부터 의술을 배웠다. 이런 연유로 나는 매일 그의 숙소로 찾아갔다.

어느 날, 바부루가 가와하라 겐파쿠川原元伯란 의학생의 혀에 난 종기를 치료하고, 거기에다 정맥을 찔러 나쁜 피를 뽑아내는, 자락刺絡 시술을 보았다. 실로 능숙한 솜씨였다. 피가 튀어나오는 거리를 미리 계산해, 그 피를 받아 내는 그릇을 어느 정도 떨어진 곳에 두었고, 내뿜어진 피는 정확히 그 속으로 들어갔다. 이것이 에도에서 처음 실시한 자락 시술이었다.

앞에서도 말했지만, 나는 그때 젊고 건강했기 때문에 상관장 일행이 에도에 머물 때는 열심히 숙소로 찾아갔다.

언젠가 요시오는 귀중한 책 한 권을 꺼내 내게 보여 주며, 이것은 작년 처음 수입된 하이스터라는 사람의 《슈루제인》(외과 치술)이란 책인데, 자신은 이것이 꼭 필요한 책이어서 사카이堺산 술 스무 통과 교환했다고 한다. 내가 이 책을 펼쳐 보아도 한 글자, 한 행을 읽을 수 없었다. 그러나 책에 실려 있는 그림은 일본이나 중국 책과는 달리 매우 정교해서, 보는 것만으로도 마음이 열리는 것 같은 느낌이 들었다. 그래서 나는 그 책의 그림만이라도 베껴 두려고 잠시 빌렸다. 밤낮을 가리지 않고 베껴, 그가 에도에 머무는 동안 겨우 마칠 수 있었다. 이를 위해 어떨 때는 밤을 꼬박 새우며, 동이 트는 새벽까지 작업을 한 적도 있었다.

9.
료타쿠, 나가사키에 유학

또 어느 해인지는 잊어버렸지만 이런 일도 있었다. 어느 봄, 나가사키에서 요시오 고자에몬이 오란다인과 함께 에도로 왔을 때의 일이다. 마에노 료타쿠의 출신 번인 나카쓰 번의 에도 관저 안에서 번주 오쿠다이라 마사카奥平昌鹿 공의 모친이 정강이 골절을 입은 적이 있었다. 지체 높은 분의 부상이므로, 큰 소동이 벌어져 이 의사 저 의사를 불렀다. 다행히 요시오 고자에몬이 마침 에도에 와 있을 때여서 치료를 담당했고, 순조롭게 나았다고 한다. 이때 료타쿠가 번의 담당의로서 요시오와 여러 교섭을 명 받았기 때문에, 두 사람은 각별히 친하게 되었다고 한다. 이것도 난학이 세상에 퍼져 나가는 하나의 계기가 됐을 것이다. 그 뒤 료타쿠는 나카쓰에 내려간 주군님을 모시고 따라갔을 때, 주군님께 간청해 나가사키에 가 100일 동안 머물며 오로지 통사인 요시오, 나라바야시楢林 등에게, 밤낮을 가리지 않고 열심히 오란다어를 배웠다. 그는 전에 아오키 선생에게 배운 《유어類語》란 단어 책에 나오는 말을 기본으로 복습하고, 정정해 가면서 700단어 정도를 익혔고, 오란다 문자의 자체字體와 문장 등도 들어 대충 필기해 에도로 가지고 왔다. 이때 오란다어 책도 얼마간 구해 왔다. 료타쿠는 외과 수행을 하기 위한 것이 아닌, 순순히 오란다어를 배우기 위해 나가사키에 유학 간 최초의 사람이었다.

10.
오란다인과 일본인의 교류

오란다가 의술뿐만 아니라 여러 가지 기예도 발달하고 있는 나라라는 사실이 점차 세상에 알려지고, 사람들도 그 영향을 받게 됐다. 이때부터 오란다인이 에도에 올 때는, 특히 관의 가운데 오란다 의술에 뜻이 있는 사람들은 앞다퉈 면회를 신청했다. 이들은 오란다인 숙소로 가 의료법, 처방 등을 물어봤고, 의사뿐만 아니라 천문가는 자신들의 관심 분야에 대해 물어봤다. 그때는 같은 문인門人이라면 자유롭게 데리고 갈 수 있었다. 오히려 나가사키에선 규칙이 있어, 멋대로 오란다인 숙소에 들어갈 수 없었다. 오란다인들이 에도에 올 땐 머무는 기간이 극히 짧았으므로, 막부도 엄격하게 제한을 하지 않아 누구나 쉽게 오란다인들과의 면회가 가능했다.

이 무렵, 내 친구 중에 히라가 겐나이平賀源內라는 사람이 있었는데 그는 (일정한 직업이 없는) 낭인浪人이었다. 그의 전문은 본초가本草家였는데, 타고난 이론가에 다방면에 뛰어난 재능을 가진, 당시 시대 분위기에 아주 잘 맞는 인물이었다.

앞서 이야기한 카란스란 사람이 상관장으로 에도에 왔을 때의 일이다. 어느 날, 그 숙소에 오란다인과 일본인 몇몇이 모여 연회가 열렸다. 히라가도 그 자리에 참석해, 카란스와 교유했다. 며칠 뒤 히라가가 카란스를 찾아가자 그는 바둑 돌 같은 모양의 '스란가스텐'이란 의료품을 꺼내 보여 주었다. 히라가는 그 효능을 자세히 물어본 뒤 돌아갔다. 다음 날 히라가는 새롭게 만든 물건을 하나 가지고 와 카란스에게 보여 주었다. 카란스는 어제 보여 준 것과 같은 것이라고 말했다. 이에 히라가는 보여 준 물건이 당신 나라 산물인지, 다른 나라에서 구한 것인지 물었다. 카란스는 인도의 실론(지금의 스리랑카)이란 곳에서 구했다고 답했다. 히라가가 다시 그 나라의 어떤 곳에서 나온 물건이냐고 물으니, 카란스는 그 나라에서 전해져 내려오는 바에 따르면 큰 뱀의 머리에서 나온 돌이라고 한다고 했다. 히라가는 그런 일은 있을 수 없다며 이 돌은 용의 뼈로 만든 물건일 것이라고 말했다. 카란스는 용은 실재하지 않는데, 어째서 용의 뼈로 만들 수 있느냐고 물었다.

§
일본 난학의 개척자, 스기타 겐파쿠

이에 히라가는 자신의 고향인 사누키讚岐(지금의 가가와 현香川縣)의 쇼도시마小豆島에서 출토된, 큰 용의 이빨 자국이 붙은 뼈(공룡 화석)를 꺼내 보여 주면서 이것이 용의 뼈라고 말했다. 본초학 사전인《본초강목》이란 중국 의서에는 뱀은 껍질을 벗고, 용은 뼈를 바꾼다고 적혀 있는데, 당신이 내게 보여 준 '스란가스텐'은 이 용의 뼈로 만든 것이라고 말했다. 이에 카란스는 크게 놀라며 히라가의 기재奇才에 감탄했다고 한다. 그리고 카란스는《본초강목》을 구하고, 히라가로부터 용의 뼈를 얻어 나가사키로 돌아갔다.

그에 대한 답례로 카란스는 욘스톤스의《금수보禽獸譜》, 도도네우스의《생식본초生植本草》, 안보이스의《패보貝譜》등 고가의 유럽 과학 사전을 히라가에게 보냈다. 물론 이 이야기는 히라가가 상관장과 오란다어로 직접 말한 것이 아니라 따라온 통사가 통변한 것으로 일언일구 그대로는 아니다.

히라가는 그 뒤 나가사키에 가 오란다 책과 기구 등을 사 가지고 에도로 돌아왔다. 그리고 소형 발전기인 에레키테루라는 이상한 기계도 가지고 왔다. 그는 그 기능을 여러 가지로 연구해, 사람들을 놀라게 했다.

11.

인체 해부서《타펠 아나토미아》를 입수하다

당시 세상은 이렇게 돼 가고 있었는데, 서양의 일에 특별히 능통한 사람도 없었지만, 그렇다고 서양의 일을 꺼려하는 분위기도 아니었다. 오란다 책 등을 소지하는 것이 허용되지는 않았지만, 가지고 있는 사람도 가끔씩 나타나는 세상으로 바뀌어 갔다.

나와 같은 번(오바마 번) 의사인 나카가와 준안은 본초학을 아주 좋아하지만 한편으론 오란다의 박물학도 배우고 싶은 생각을 가지고 있어, 앞서 언급한 히라가 겐나이의 스승격인 다무라 란수이田村藍水 선생과 그 아들인 다무라 세이코田村西湖 선생 등과도 동지였다. 매년 봄, 나가사키의 통사들이 에도에 오면 숙소로 찾아가 교류했다.

분명히 메이와 8년(1771) 봄이라고 생각하는데, 준안이 에도에 온 오란다인들 숙소에 갔을 때의 일이다. 오란다인이《타펠 아나토미아》와《카스바류스 아나토미아》라는 인체 내부 구조를 도표와 함께 설명한 두 책을 꺼내, 원하는 사람이 있으면 양도해 줄 수 있다고 했다는 것이다. 준안은 그것을 일단 가지고 와 나에게 보여 주었다.

그 글자는 한 자도 읽을 수 없었지만, 해부도 속 내장의 구조, 골격 등은 지금까지 책에서 보거나 들은 것과 크게 달랐다. 이것은 실제로 보고 해부도를 그리고, 설명한 것이 틀림없다는 사실을 알았다. 그래서 나는 어떻게 해서라도 그 책을 구하고 싶었다. 그리고 우리 집안도 대대로 '오란다류 외과'라고 말해 온 만큼, 어떻게 해서든지 서가에라도 비치해 두어야 할 책이라고 생각했다. 그러나 당시 우리 집은 매우 가난해서 책을 살 여유가 없었다.

나는 생각 끝에 책을 들고 같은 번의 태부太夫인 오카 신자에몬을 찾아가, "이러저런 이유로 이 책을 사고 싶으나 나에겐 살 능력이 없어. 어떻게 할 방법이 없다"고 말했다. 오카는 내 이야기를 듣고는 "그것을 사 두면 도움이 되는 것인가? 혹 그런 물건이라면 책값은 주군님이 하사하시도록 이야기를 해보겠다"고 말씀했다. 그때 나는 "꼭 이런 데 필요하다고는 말씀드릴 수 없지만, 구해 두면 언젠가는 도움이 될 것으로 생각합니다"고 답했다. 옆자리에 있던 구라코 자에몬倉小左衛門이라는 학자도 "그 책을 꼭 입수하는 것이 좋을 것입니다. 스기타 씨는 그 책을 결코 쓸데없이 할 사람이 아닙니다"며 거들었다. 이렇게 해서 더없이 쉬운 방법으로 내 소망이 이뤄져, 책을 구하게 된 것이다. 이것이 내가 처음 오란다 책을 구입하게 된 일이다.

12.
해부서 입수는 참으로 묘한 일

또 나는 앞서 말한 히라가 겐나이 등과 만날 때면 자주 "점점 오란다에 관해 견문하면 할수록, 오란다의 실증적인 연구에는 감심할 뿐"이라고 말했다. 혹시 오란다 책을 직접 일본어로 번역하면, 크게 도움이 될 것이 틀림없다고 생각했다. 그러나 지금까지 그것을 해보려는 사람이 없어 참으로 안타까웠다. 길을 여는 방법은 없을까? 에도에서는 되지 않는 일이므로 나가사키의 통사들에게 번역을 부탁해 보고 싶었다. 단한 권이라도 번역이 되면, 나라를 위해서도 큰 도움이 될 것이다, 그것이 되지 않는 것을 안타깝게 여기며 한숨을 쉰 것이 몇 번이던가? 그러나 다른 방법이 없었기 때문에, 덧없을 뿐이었다.

바로 이 무렵, 이상하게도 오란다 해부서를 입수하게 됐기 때문에, 나는 무엇보다 우선 그림과 실물을 대조해 보고 싶었다. 그런데 이해 봄에 내가 이 책을 입수하게 된 것은 이상하다고 해야 할까, 묘하다고 해야 할까? 어쨌든 해부서를 입수한 것은 난학이 퍼져 나가는 시기가 왔다는 것을 의미한다고 해야 할 것이다. 3월 3일 밤이었다. 당시 에도의 (행정, 사법 등을 담당하던) 마치부교町奉行 마가라부치 가이노카미曲淵甲斐守 공을 모시고 있는 도쿠노 만베에得能萬兵衛라는 사람으로부터 편지가 왔는데, "내일 센주千住의 고쓰가하라 형장에서 후와케腑分け(인체해부)가 있으므로, 원한다면 거기에 가 보기 바란다"는 연락이었다.

예전 친구 고스기 겐데키小杉玄適가 교토에서 야마와키 도요山脇東洋 선생 문하생이 돼 공부할 때 선생의 발기로 후와케를 참관했는데, 옛사람들의 설은 모두 거짓으로 믿을 수 없는 것 투성이라고 했었다. 예전 구장九臟이라고 한 것을 지금은 오장육부五臟六腑로 구분하고 있는데, 이처럼 한방 의학의 인체에 대한 설명은 제각각 멋대로였다.

그때 야마와키 선생은 《장지》라는 책을 내셨다. 나는 야마와키 선

§
일본 난학의 개척자, 스기타 겐파쿠

생의 책을 본 적이 있고, 적당한 기회가 되면 인체 해부를 보고 싶던 참이었다. 그때 마침 오란다 해부서가 처음 내 손에 들어온 만큼 지금이야말로 실제 인체와 대조해 보고, 어느 쪽이 정말인지를 직접 확인할 수 있게 돼, 정말 기뻤다. 이는 아주 드문 일로, 행운의 때가 찾아왔다고 생각했다. 내 마음은 벌써 후와케를 할 형장으로 달려가고 있었다. 가슴이 울렁울렁했다.

그런데 이런 좋은 기회를 나 혼자만 보면 안 된다고 생각했다. 친구들 가운데 의사로서 전문 지식을 얻기 위해 열심히 공부하는 동지들이 있었다. 이들에게 알려서 후와케를 같이 참관하고, 그로 인해 얻는 업무상 이익을 같이 나눠 가지고 싶었다. 우선 같은 번 동료인 준안을 비롯한 몇몇에게 알렸다. 그리고 이전부터 알고 있는 료타쿠에게도 알렸다.

료타쿠는 나보다 열 살이나 많은 선배다. 서로 알고는 있었지만 평소에는 교류가 별로 없는 그런 사이였다. 그러나 의학에 관한 일에 열심이라는 사실은 서로 잘 알고 있는 사이기 때문에 후와케 참관에도 빼놓을 수 없는 사람이었다. 어쨌든 빨리 연락하고 싶었으나 이미 너무 늦은 시간이었다. 나는 그때 오란다 사람들이 에도에 머물고 있어, 그날 밤에도 오란다인 숙소에 가 있었기 때문에 귀가가 늦었다. 갑자기 알릴 방법도 없었다. 어떻게 할까 생각하다가, 우선 료타쿠에게 편지를 써 가지고 아는 사람의 집에 찾아가 상의했다. 그는 혼고쿠쵸本石町의 기도木戶 근처에 가면 가마꾼이 있는데 가마꾼에게 돈을 주고 "이 편지를 료타쿠의 집에 전해 주기만 하고 가라"고 부탁하라고 말했다. 그래서 편지에 "내일 아침에 이런저런 일이 있으니, 원하신다면 아침 일찍 아사쿠사의 산야쵸 입구에 있는 찻집으로 오시기 바랍니다. 나도 갈 테니 거기서 만납시다"고 적어 가마꾼에게 부탁했다.

13.
드디어 인체 해부 참관

다음 날 아침 일찍, 서둘러 준비를 해 약속한 찻집으로 갔다. 로타쿠도 와 있었고, 그 밖에 연락을 한 친구들도 모두 모여 나를 반겨 주었다. 그 때였다. 료타쿠가 품속에서 오란다 책 한 권을 꺼내 펼쳐 보여 주었다.

《타펠 아나토미아》라는 오란다어로 쓰인 해부서였다. 료타쿠는 전에 나가사키에 갔을 때 사 가지고 온 것이라고 했다. 책을 보니, 내가 며칠 전 구입해 가지고 온 오란다어 책과 완전히 똑같았다. 판까지 같았다. 정말 기이한 인연이라며, 서로 손을 잡고 감격했다. 그런데 료타쿠가 나가사키 유학 중 배운 것이라며, 그 책을 펼쳐 "이것은 '롱구'라는 것으로 폐, 이것은 '하르토'라는 것으로 심장, 이것은 '마구'라는 것으로 위, 이것은 '미르토'라는 것으로 비장脾臟"이라며 손가락으로 짚어 가며 설명해 주었다. 그러나 해부도는 중국의 설을 따른 일본 해부도와는 조금도 비슷하지 않았다. 완전히 달랐다. 어쨌든 인체 내부를 직접 보지 않고는 알 수 없다고, 각자 마음속으로 그렇게 생각했다.

모두 자리에서 일어나 고쓰가하라 형장으로 향했다. 얼마 후 형장 입구에 도착했다. 이날 처형된 사체는 교토 출신의 50세 여자로, 대죄를 범했다고 한다. 후와케는 도라마쓰虎松라는 자가 솜씨가 뛰어나다고 해, 이날도 그에게 맡기기로 돼 있었다. 그러나 갑자기 몸이 아파서 그의 할아버지라는 노인이 대신 나왔다. 그는 아흔 살인데도 아주 건장했다. 젊었을 때부터 여러 명을 후와케 해봤다고 했다.

그때까지 후와케는 이런 사람들에게 맡겨졌다. 이들은 후와케를 참관하는 사람들에게 "이것은 폐입니다, 이것은 간장, 이것은 신장입니다"라고 인체 내부를 펼쳐 놓고 보여 주었다. 이를 보고만 온 사람들이, 돌아와서는 "우리들은 직접 내장을 샅샅이 관찰, 확인했다"고 말한 것 같다. 본디 내장에 이름이 쓰여 있진 않으므로, 후와케를 하는 사람들이 가리키는 것을 보고 "아, 그런가"라며 고개를 끄떡이는 것이, 그때까지의 관례였던 것 같다.

그날도 그 노인이 심장 간장, 담낭, 위 그 밖에 뭐라고 부르는지 모르는 장기 이것저것을 가리키며 "이것들의 이름은 모르지만 저는 젊었을 때부터 후와케 한 여러 명의 배 안을 봤는데, 여기는 이런 것이 있었고, 저기는 이런 것이 있었다"며 보여 주었다. 나중에 확실히 알게 된 사실이지만, 그것들은《타펠 아나토미아》의 해부도와 대조해 생각하면 동맥과 정맥 혈관 사이의 두 개의 줄기와 부신등이었다. 노인은 또 "지금까지 후와케를 보러 온 의사분들에게 여러 가지를 보여 주었지만 누구 한 사람 이것은 뭐냐, 저것은 뭐냐고 의심을 가지고 물어본 분은 없었습니다"라고 했다.

이날 료타쿠와 나, 우리 둘이 가지고 간 오란다 책의 해부도와 인체 내부를 하나하나 대조해 본 결과 어느 하나도 해부도와 다르지 않았다. 고서에서 설명하는 폐의 육엽양이六葉兩耳, 간의 좌삼엽우사엽左三葉右四葉 등과 같은 구별도 없고, 장이나 위의 위치와 그 형태도 한방의 설과는 크게 달랐다. 관의官醫인 오카다 요센岡田養仙, 후지모토 리츠센藤本立泉 두 분은 그때까지 일고여덟 차례나 후와케를 참관하셨다고 들었는데, "한방의 설과는 크게 달랐기 때문에. 그때마다 의문이 풀리지 않아 이상하게 생각했다"고 적어 놓으셨다. 그리고 이분들이 "중국인과 유럽인은 신체 구조가 다르다는 말인가"라고 쓴 것을 본 적이 있다.

그런데 그날 후와케가 끝난 뒤, 뼈의 형태도 보기 위해 형장 바닥에 널려 있는 뼈 등을 주워 충분히 살펴봤다. 역시 지금까지 중국의 설과는 크게 달랐다. 그러나 오란다 해부도와는 조금도 다르지 않았다. 그래서 모두 놀라 버렸다.

14.
귀갓길에 번역을 제안하다

돌아오는 길은 료타쿠, 준안, 내가 같은 방향이었다. 우리는 도중에 이야기했다. "오늘 실제로 본 후와케는 참으로 하나하나가 놀라움이었다. 그것을 지금까지 모르고 있은 것이 부끄러운 일이다. 적어도 의술

§
일본 난학의 개척자, 스기타 겐파쿠

로서, 서로가 주군님을 모시는 몸으로, 그 바탕이 되는 인체의 진짜 구조를 모른 채 지금까지 하루하루, 이 업을 해왔다는 것은 면목이 없는 일이다. 어떻게 해서든 오늘의 체험을 바탕으로, 대략적이나마 인체의 진짜 구조를 판별하면서 의술을 행한다면, 이 업에 종사하고 있는 변명이라도 될 것이다." 우리는 이렇게 이야기하면서 모두 한숨을 내쉬었다. 료타쿠도 "참으로 천만, 동감"이라고 말했다.

그때 내가 "이《타펠 아나토미아》, 한 권만이라도 아무쪼록 새롭게 번역한다면 인체의 내외 구조도 잘 알게 돼, 오늘날의 치료에 큰 도움을 줄 것이다. 어떻게 해서든 통사의 힘을 빌리지 않고 해독하고 싶다"고 말했다. 그러자 료타쿠가 "나는 전부터 오란다 책을 읽고 싶다고 생각해 왔으나, 여기에 뜻을 같이하는 좋은 친구가 없어, 늘 안타깝게 생각해 왔다. 여러분이 정말 그렇게 생각한다면, 나는 전에 나가사키에도 갔다 왔고, 오란다어도 조금은 기억하고 있다. 이것을 바탕으로 같이 읽어 보는 것을 시작하지 않겠느냐"고 말했다.

이에 나는 "그것은 무엇보다 반가운 일이다. 동지로서 힘을 합쳐 준다면, 나도 단단히 뜻을 세워 한번 열심히 해보겠다"고 말했다. 료타쿠는 이 말을 듣고 아주 기뻐하며, "그렇다면 '좋은 일은 서둘러라'는 말도 있는 만큼, 바로 내일 우리 집에 모이자. 무언가 방법이 있을 것"이라고 말했다. 우리는 단단히 약속을 하고 그날은 헤어져 각자의 집으로 갔다.

그 다음 날 모두 료타쿠의 집에 모였다. 어제의 일을 서로 이야기하며 우선 《타펠 아나토미아》를 펼쳤다. 그런데 마치 노와 키도 없는 배를 타고 망망대해에 나간 것처럼 갈피를 잡을 수도 없고, 기댈 곳도 없어 그저 기가 막힐 뿐이었다.

그러나 료타쿠는 이전부터 오란다어를 배우기로 마음에 두고, 나가사키까지 가서 단어라든지 문장의 접속 관계라든지도 조금은 들어 외우고 배운 사람이었다. 나이도 우리보다 열 살 이상 위인 선배였다. 료타쿠를 번역 모임의 맹주로 정해, 또 선생으로도 모시기로 했다. 나는 당시 오란다어 알파벳 스물다섯 글자조차도 공부한 적이 없으면서, 불쑥 번역을 하자고 나섰기 때문에, 우선 알파벳부터 하나하나 외우고, 또 여러 가지 말도 익혀 나갔다.

15.
성사는 하늘에 달려 있다

우리는 우선 이 《타펠 아나토미아》를 어떤 방법으로 읽고 번역해 나갈 것인지를 상의했다. 처음부터 인체 내부 구조를 번역하는 것은 매우 어려운 일이다. 책 맨 앞에 사람의 앞모습과 뒷모습을 그린 전신상이 있었다. 이것은 인체의 겉모습이고 그 이름을 모두 알고 있으므로, 그 그림의 표시와 설명을 대조해 보면 이해하기 쉽겠다고 생각했다.

전신상이 인체도의 맨 앞에 나와 있으므로, 먼저 시작하기로 정했다. 이렇게 해서 만든 것이 《해체신서》의 '형체명목편形體名目篇'이었다.

그런데 그때는 'デ'라든지, 'ヘット'라든지, 'アルス', 'ウエルケ' 같은 조사의 사용법도 뭐가 뭔지 확실히 몰랐기 때문에, 조금씩 아는 단어가 있다 해도 앞뒤 문맥은 전혀 몰랐다.

예를 들어, '우에인부라우ウエインブラーウ(눈썹)는 눈 위에 나 있는 털'이란 문장 하나도, 무슨 뜻인지를 몰라 긴 봄날 하루 종일을 매달렸으나 알 수가 없었다. 이처럼 해가 질 때까지 생각해 보고, 서로를 쳐다봐도, 한 줄밖에 안 되는 아주 짧은 문장조차 풀 수 없었다.

또 어느 날 '코' 부분에서 '코는 후루햇핸도フルヘッヘンド 하고 있는 것'이라고 쓰인 부분에 이르렀을 때다. 그런데 이 말을 알 수가 없었다. 이것이 무슨 뜻인가 하고 모두 생각을 맞춰 봤지만 알 수 없어서, 어떻게 할 도리가 없었다. 물론 그때는 '워르덴부쿠(사전)'라는 것도 없었다. 다만 료타쿠가 나가사키에서 구해 온 간략한 소책자가 있어, 그것을 보니 '후루햇핸도'를 '나뭇가지를 잘라 놓으면 후루햇핸도'하고, 또 마당을 쓸면 먼지와 흙이 모여 '후루햇핸도한다' 같은 설명이 있었다. 항상 그랬듯이 무슨 뜻인지 모두 이리저리 궁리해 보았지만 알 수가 없었다. 그때 나는 생각했다. 나뭇가지를 자른 뒤 그대로 두면 쌓이고, 마당을 쓸고 먼지와 흙이 모이면 이것도 쌓여서 높아진다. 코는 얼굴의 한가운데 높이 솟아 있으므로, 후루햇핸도는 '솟아올랐다'는 뜻일 것이다. 그 때문에 이 말은 '높게 쌓이다는 뜻의 퇴堆'로 번역하면 어떻겠느냐고 일동에게 물으니, 모두 말 그대로라면서 그렇게 번역하기로 정했다. 그때의 기쁨은 어디에도 비교할 수 없고, 귀한 보물이라도 손에

넣은 것 같았다. 이렇게 여러 방법으로 궁리해 가며 번역어를 정했다. 그러다 보니 료타쿠가 외우는 번역어의 수도 늘어 갔다.

그런데도 '신넨シンネン, 精神' 같은 말처럼 도저히 무슨 뜻인지 알 수 없는 경우도 많았다. 그럴 때는 그 말들도 번역 작업을 해 나가다 보면 알게 될 때가 있을 것이다. 우선 표시를 해 놓고 넘어가자는 생각에서 동그라미 안에 십+자를 표시했다. 그런 이유로 우리는 모르는 부분을 '구쓰와 십문자'라고 이름 지었다. 번역 모임 때마다 여러 가지를 상의했고, 아무리 생각해 봐도 모를 때는 결국 "그것도 '구쓰와 십문자', '구쓰와 십문자'"라고 하면서 일단 넘어갔다. 그러나 '일의 계획은 사람이 하지만, 일의 성패는 하늘에 달려 있다'는 말도 있듯이 반드시 해낼 수 있을 것이라고 믿으면서, 우리는 한 달에 예닐곱 번 만나 머리를 짜내고, 정력을 쏟으며 고심했다.

16.
하늘의 뜻

이렇게 해서 만나기로 한 날엔 게으름을 피우지 않고 전원이 반드시 모여, 서로 상의하며 읽어 나갔다. '모르는 일도 마음먹기에 따라서는 알게 된다'는 뜻의 에도시대 속담인, '어두워지지 않는 것은 마음'이라는 말처럼, 1년여가 지나자 이해하는 단어 수도 부쩍 늘었고 오란다란 나라의 사정도 자연스레 알게 됐다. 이렇게 되자 문장이나 문구가 어렵지 않은 부분은 하루에 열 줄 또는 그 이상도 진도가 나가게 됐다.

그런가 하면 매년 봄, 에도에 오는 나가사키의 통사들을 찾아가 모르는 부분을 물어보기도 했고, 후와케 참관의 기회도 얻어 참가했다. 그리고 가끔 짐승을 해부해 인체도와 대조해 보기도 했다.

이 번역 모임은 처음 세 사람이 시작했으나 진행해 나가는 과정에, 점차 동지도 늘었다. 그러나 각자의 뜻하는 바가 반드시 같지는 않았다.

앞서 말했다시피 나는 저쪽 나라의 해부서를 입수해, 직접 실제 인체와 대조해 본 결과 지금까지 동양의 설과는 매우 다르다는 것을 알아, 놀라기도 했고 감심도 했다. 어떻게 해서든 이런 사실만이라도 세상에 확실히 알려, 실제 치료에 도움이 될 수 있도록 하고 세상 의사들의 일에도 계발이 있도록 이 책을 하루라도 빨리 그런 용도에 쓸 수 있도록 하고 싶었다. 그 이외엔 바라는 것이 없었다. 번역 모임에서 알게 된 부분은, 반드시 당일 밤에 초고를 작성해 놓았다. 이와 함께 번역하는 방법을 여러 가지로 궁리해 고쳐 나간 것은 말할 필요도 없다. 이렇게 4년간, 원고를 열한 번이나 고쳐 쓰면서 인쇄소에 넘길 원고를 완성해《해체신서》번역 작업을 끝낸 것이다. '해체解體'란 말은 그때까지 사용하던 '후와케腑分け'란 말 대신에 새로운 용어로 고안해 낸 것이다.

이처럼 이 학문은 에도에서 창시돼, 동료 중 누구라고 할 것도 없이 '난학'이란 새로운 이름으로 부르기 시작했고, 이윽고 일본 전국에서 통하는 말이 됐다. 이것이 난학이 오늘날과 같이 널리 퍼지게 된 단초다. 지금 생각해 보면, 유럽의 외과 의학이 나라에 들어온 지 200여 년이 됐으나, 저쪽의 의학 서적을 번역하는 일은 전혀 없었다. 신기하게도 이 시점에서 첫 사업으로 의학의 가장 기본이라 할 수 있는 인체 내부 구조를 다룬 책을 번역하게 된 것은 일부러 계획적으로 하진 않았지만, 실로 '하늘의 뜻'이라고도 할 수 있을 것이다.

《해체신서》가 아직 완성되기 전의 일이지만, 이처럼 모두가 애를 쓰면서 2~3년이 지나 비로소 오란다어를 이해하게 되자, 그 기쁨은 사탕수수를 씹는 것처럼 달콤했다. 이에 따라 오랫동안 잘못 알고 있던 부분도 자연스레 알게 됐고, 문맥이 제대로 통하게 된 것도 참으로 즐거웠다. 번역 모임을 앞둔 전날 밤은 빨리 날이 밝기를 기다리는, 마치 아이들이나 여자들이 마츠리祭り(축제)를 보러 가는 날을 손꼽아 기다리는 것 같았다.

그런데 에도는 풍속이 화려하고 들뜬 지역이므로 번역 소식을 전해 듣고는, 잘 알지도 못하면서 뇌동하여 참가한 자들도 있었다. 당시 사람들을 생각해 보면, 이 번역 사업을 완성시킨 사람들이나 도중에 포기한 사람들 가운데 지금은 이 세상에 없는 사람이 많다. 미네 슌타이嶺春泰, 우야마 쇼엔烏山松圓 등은 상당히 열심이었으나 지금은 죽고 없다.

번역 작업 동료인 나카가와 준안은 《해체신서》가 나오고 난 뒤, 쉰 살이 채 안 되는 나이에 죽고 말았다. 당시 관계한 사람들 가운데 지금까지 살아남은 사람은 우리보다 훨씬 아래인 히로사키 번弘前藩(지금의 아모모리 현靑森縣)의 의관인 기리야마 쇼데츠桐山正哲 정도다.

§
일본 난학의 개척자, 스기타 겐파쿠

또한 그 무렵, 이 일의 건실健實함을 안 사람들은 별도이지만, 전혀 몰랐던 많은 사람들은 그 완성을 크게 의심했다. 또 모여든 자들 중에서도 일이 시원하게 진척되지 않는데다 이런저런 귀찮은 일이 많자 결국 힘이 다하거나, 먹고사는 일에 쪼들리는 사람들은 일의 성과가 나지 않자 질려서, 또는 어쩔 수 없이 중도에 그만두는 친구들도 많았다. 열심이던 사람 중에 병에 걸려 일이 완성되기 전에 빨리 죽은 사람들도 있었다.

처음부터 모임에 참가한 가쓰라가와 호슈桂川甫周 군은 민첩하고, 발군의 재주를 가진 사람이었다. 오란다어 문장, 자구를 이해하는 것도 어느 누구보다도 빨랐다. 또 동료들 사이에서는 장래가 촉망되는 청년이라고 칭찬받았다. 본디 그 집안은 대대로 오란다류 외과의 전문관의였을 뿐 아니라 그의 부군父君인 호산甫三 군은 아오키 선생으로부터 알파벳 스물다섯 자를 비롯해 오란다어를 조금 배워 알고 있었다. 그 때문에 아들인 호슈 군은 오란다어에 대해 듣고 외운 적이 있어, 약간의 소양이 있었다. 그는 번역 모임에 빠지지 않고 참석했다.

17.

<u>나의 의도</u>

동료들이 매회 이처럼 모였지만 각자 뜻하는 바는 달랐다. 실로 각자 나름의 뜻에 따른 것이다. 먼저 우리 모임의 맹주인 마에노 료타쿠는

특이한 재능을 가진 사람이었다. 이 학문을 일생의 업으로 생각하고 오란다어에 완전히 능통해 그 힘으로 서양의 사정을 파악하고 그쪽 책이라면 무엇이든 읽어 낼 수 있는 실력을 갖춘다는 대망을 품고 있었다. 목표로 삼은 것이《강희자전康熙字典》과 같은 워르덴부쿠(사전)를 이해하는 일이었으며, 그 일에 심혈을 기울였다. 그는 시중의 이런저런 사람들과 교제하는 일을 싫어했다.

이 난학이란 학문이 열린, 마치 하늘의 도움 가운데 하나라고 해도 좋은 것이 있다. 그것은 바로 료타쿠가 본래부터 몸이 약하다면서, 이 무렵부터는 늘 문을 걸어 잠그고 외출도 하지 않은 채, 쓸데없이 사람들과 만나는 일 없이 오로지 이 일만을 낙으로 나날을 살아가고 있었다는 사실이다. 료타쿠의 주군님인 오쿠다이라 마사카 님은 료타쿠의 그런 마음을 잘 이해하고 계셔서, "그 사람은 본래 그런 친구"라고 말하며 일절 개의치 않았다. 그러나 료타쿠가 본업을 너무 소홀히 해서, 주군께 일러바친 사람도 있었다. 그러나 주군님은 "매일 치료를 하는 것도 치료지만, 후세 사람을 위해 유익한 일을 하려 노력하는 것도 일을 하고 있는 것이다. 그 사람은 무언가 이루고 싶은 것이 있는 것처럼 보이므로 그가 하는 대로 내버려 두라"고 말씀하셨다. 그 무렵 주군님은 보이센이라는 사람의《푸라쿠테키》같은 오란다 내과 의학서를 일부러 사서 자신의 인장을 찍어 료타쿠에게 주기도 했다.

료타쿠는 전에는 호를 '라쿠잔樂山'이라고 했는데, 나이가 들자 스스로 '란카蘭化'라고 했다. 이는 전에 주군님으로부터 받은 것인데, 주군님이 늘 료타쿠는 '오란다인 요괴'라고 농담하신 데서 비롯한다. 이처럼 료타쿠는 주군님의 이해와 총애를 받았기 때문에 마음껏 이 학문을 수업할 수 있었다.

전술한 적이 있지만 부화뇌동해서 이 일에 참가한 사람들도 많았고 처음 시작하는 일의 어려움에 질려 그만둔 자도 많았다. 그러나 료타쿠만은 생애를 하루 같이, 난학에 대해 확고한 뜻을 세워 흔들리지 않았기 때문에 지금과 같이 그 업을 완성하게 된 것이다. 이런 료타쿠의 생애는 정말이지 이 난학이 열리는 시기와 정확히 맞아떨어진다.

나카가와 준안은 전부터 여러 학문에 흥미를 느꼈는데, 어떻게 해서든 난학을 공부해 해외의 물산을 연구해 보고 싶다고도 생각했다. 그 외에 진귀한 기구나 정교한 기술을 좋아해 스스로 궁리해 새롭게 만든 것도 적지 않다. 하지만 세계의 약품을 망라한 《화란국방和蘭局方》이란 책을 번역하는 도중에 암으로 불귀의 객이 되고 말았다.

가쓰라가와 군은 난학에 대한 이렇다 할 목적을 가지고 있지는 않았다. 하지만 앞서 말했듯이 명문 집안 출신으로 단지 이 일을 좋아했고, 나이도 젊은데다 끈기도 있어 번역 모임이 있을 때마다 참석했다. 그는 끝까지 참가했다.

나는 이런 사람들과 크게 달랐다. 처음 인체 해부를 보고, 오란다의 해부도가 중국 책이 설명하는 것과 크게 다르다는 사실에 놀라 어떻게 해서든 번역만큼은 빨리 끝내, 치료에 도움이 될 수 있도록 하고, 세상 의사들이 여러 기술을 발명하는 데 도움을 주고 싶다는 뜻만 있었다. 그래서 번역을 하루빨리 매듭짓는 데 온 힘을 기울였고, 번역이 끝나면 더 바랄 것이 없다는 마음으로 시작했다. 저 나라의 언어를 깊이 공부해 다른 분야까지 해보겠다는 생각은 없었다. 오색실은 전부 아름답게 보이지만, 나는 그 가운데 빨간색이나 노란색, 어느 한 색만을 정하고 나머지 색은 버린다는 생각으로 난학의 길을 걸어왔다.

그때 생각했지만 오진應神 천황 시대에 백제의 왕인王仁이 우리나라로 올 때 한자를 처음 전하고, 책을 가지고 왔기 때문에 이후 대대로 천황은 학생들을 중국에 보내 그쪽 학문을 공부하게 했다. 긴 세월이 흐른 지금에 와서 비로소 중국인들에게도 부끄럽지 않은 한학漢學이 가능하게 됐다. 지금 처음 시작한 이 학문이 갑자기 어떤 성과를 올릴 수 있겠는가? 다만 인체 구조라는 아주 중요한 것이 중국 의서에 있는 것과는 다르다는 사실의 대강을 어떻게 해서든 세상에 알리고 싶다는 생각 이외에 달리 바라는 바는 없었다. 이렇게 결심하고 번역 모임에서 해독한 부분은 그날 밤 집에 돌아와 곧바로 번역한 뒤, 정서해 모아 나갔다.

동료들은 내가 성급한 것을 가끔 비웃었는데, 그럴 때마다 나는 이렇게 대답했다. 장부는 초목과 같이 아무것도 하지 않은 채 썩어 버려서는 안 된다. 당신들은 몸도 건강하고, 나이도 젊으나 나는 병약한데다 나이도 먹었다. 잘못하다간 이 번역 작업이 완료되기 전에 이 세상을 하직할지 모른다. 사람의 생사는 미리 정하는 것이 불가능하다. 앞서 가는 자는 다른 사람을 제압할 수 있으나, 뒤쳐진 자는 다른 사람에게 제압당한다는 말도 있지 않은가. 그래서 나는 서두르는 것이다. 내가 먼저 가면, 제군들이 번역에 성공한 모습을 저승에서 보고 있겠지……. 그러자 가쓰라가와 군 등은 크게 웃었고, 나중엔 '저세상'을 나의 별명으로 삼아 불렀다.

그러는 사이 세월은 빨리도 흘러 어느새 3~4년이 지났다. 그러는 동안 세상 사람들이 우리 일을 전해 듣고 많이들 찾아왔다. 그들에게 서양 의술이 말하는 장기, 혈관, 신경, 골격, 관절의 상태 등을, 그동안 이해하게 된 지식을 바탕으로 진짜 모습을 대체적으로는 설명할 수 있게 됐다.

18.

서쪽으로 가다 보면……

《해체신서》가 출판되기 조금 전의 일이다. 이치노세키 번一の關藩(지금의 이와테 현岩手縣)의 의관 다케베 세이안建部淸庵이란 사람이 멀리서 내 이름을 전해 듣고 자신이 진료하면서 품고 있던 의문을 전해 온 일이 있다. 우리가 종사하고 있는 의업에 대한 논의는 감복할 만한 내용이 많았다. 그때까지 우리는 서로 모르는 사이였으나, 나와는 완전히 동지 같았다. 그 편지엔 이런 내용이 들어 있었다. 지금까지의 오란다류 외과라는 것은 가타가나로 표기해 의술을 전하는 방식일 뿐인데, 이는 정말 유감스러운 일이다. 우리나라에도 지식 있는 사람이 나와 옛적 중국에서 불교 경전을 번역했듯이 오란다 책도 일본어로 번역하면 본격적인 오란다 의술을 완성하는 것이 될 것이다. …… 그는 이런 생각을 20여 년 전부터 줄곧 해 왔다고 했다.

이같은 견식은 실로 감복해 마지않을 일이었다. 놀랄 만큼 높은 견식을 가진 분과 만나게 되어 기쁘며, 우리가 알게 된 것은 실로 천재일우의 기회라고 답장을 했다. 그 뒤 편지를 끊임없이 주고받았고, 그 인연으로 여러 일이 있었다. 이 편지들을 내 문하생들이 모아 '난학문답'이란 이름으로 보관했다. 후일 문하생들에 의해 간세이寬政 7년(1795) 출판된 《화란의사문답》이 바로 그것이다.

나는 본래 엉성하고, 대충하는 성격인데다 학문도 하지 않은 몸이라 오란다의 학설을 상당 부분 번역해 나가도, 사람들이 쉽게 이해할 수 있도록 도움을 주는 능력은 없었다. 그렇다고 해서 이 일을 다른 사람에게 맡기는 것은 나의 본의에도 어긋나는 일이어서, 어쩔 수 없이 변변치 못한 실력이지만 구애받지 않고 자신의 문장으로 해 나갈 수밖에 없었다. 그래서 미묘한 의미가 있는 것이 틀림없다고 생각되는 부분이나 잘 모르는 부분은 무리해서 정확하게 번역하려 하지 않고 다만 의미가 통하게만 써 놓았다. 예를 들면, 에도에서 교토로 가려고 생각한다면, 우선 도카이도東海道와 도산도東山道란 두 길이 있는 것을 안 뒤 서쪽으로, 서쪽으로 가면 결국 교토에 도착한다. 그런 생각으로 일반 의사들을 위해 오란다 의학의 근본을 설명해 주는 것이 이 책을 번역하는 취지라고 생각했다. 나는 불교 경전을 번역하는 법은 잘 모른

238

다. 거기다가 오란다어 번역이란 것은 지금까지 없던 일이므로 처음부터 세세한 부분까지 알리가 없다. 다만 의사란 자는 우선 장기의 구조, 그 본래의 움직임을 알지 못하면 안 된다. 어떻게 해서든 의사 모두가 인체 구조의 올바른 지식을 알아, 서로 치료에 도움이 되도록 하고 싶다는 생각이 내가 이 책을 번역하는 본의였다. 이같은 뜻으로 시작한 만큼 번역 작업을 서둘러 빨리 대강의 뜻이라도 누구나 쉽게 이해할 수 있도록 해 의사들이 지금까지 알고 있는 의학 체계와 비교하고 곧바로 그 차이를 알 수 있도록 하는 것을 제일의 목표로 했다.

그 때문에 가능하면 중국인들이 사용하는 예전 용어로 전체를 번역하고 싶었다. 그러나 여기서 사용하고 있는 말과 저쪽에서 쓰는 용어가 많이 달라서, 결정할 수 없는 경우가 많아 아주 곤혹스러웠다. 그러나 여러 가지로 생각해 볼 때, 이 번역은 우리가 처음이므로 무엇보다 '사람들에게 알기 쉽게'를 목표로 나가기로 했다. 때로는 '번역'을, 때로는 '대역對譯'을, 때로는 '직역直譯', '의역義譯' 등으로 궁리를 해 나갔고, 이렇게도 고치고, 저렇게도 고치는 수정 작업을 여러 차례 했고, 주야에 걸쳐 붓으로 정서해 나갔다. 앞서 말한 것처럼 원고는 열한 번, 햇수로는 4년이나 걸려 겨우 작업을 마쳤다. 무엇보다 그때는 오란다의 풍습, 습관 등 세세한 부분은 정확히 알지 못했다. 난학이 의외로 널리 전파돼 있는 지금 사람들은 《해체신서》는 잘못투성이라고 말할지 모른다. 그러나 어떤 일을 처음 해 나갈 때, 후일의 비난을 걱정해서는 한걸음도 나아가지 못한다. 우리는 어디까지나 대체적으로 이해한 것을, 번역했다고 할 수 있다.

범어梵語로 된 불전의 한역漢譯도 《사십이장경四二章經》을 번역하는 일부터 시작해 차츰 발전해 나가 지금의 《일체경一切經》 번역까지 오게 된 것이다. 이렇게 차차 발전해 나가는 것이, 그때부터의 나의 바람이었고, 또 그렇게 되기를 기대했다.

19.

하늘의 도움

이 세상에 마에노 료타쿠라는 사람이 없었다면 난학의 길은 열리지 않았을 것이다. 그리고 또 나와 같이 대충하는 인간이 없었다면 이 길이 이렇게 빨리 퍼져 나가지 않았을 것이다. 이것 또한 하늘의 도움일 것이다.

이처럼 《해체신서》 번역은 일단락됐지만 당시 오란다의 설이란 것을 조금이라도 들었든지, 들어서 알고 있는 사람은 별로 없었다. 따라서 책이 출간돼 세상에 알려지면 중국의 설을 신봉하는 사람들은 오란다 설의 옳고 그름도 모른 채, 이단의 설이라며 놀라 이상히 여기며 비난하리라고 생각했다.

그래서 먼저 《해체신서》의 일부를 떼어 내 인쇄한 《해체약도》를 출판해 세상에 내놓았다. 말하자면 '히키후다(선전용 전단)'과 같은 것이다. 번역 작업이 에도에서 처음 시작된 이래 2~3년 지났을 무렵, 매년 에도에 인사차 들르는 오란다 상관장 일행에 의해 우리의 번역 작업 이

야기가 나가사키에도 전해졌다. 난학이란 것이 에도에서 크게 번성하고 있는 데 대해 나가사키 통사들은 반감을 가지게 됐다고 한다. 그럴 만도 하다고 생각했다. 그때까지 그들은 통변만 했지, 책을 읽어 번역하는 일은 하지 않던 시대였다. 예를 들면 '찬밥〔冷や飯〕'을 '추운 밥〔サ厶飯〕'이라고 통변하는 식으로, 일본어 상식도 문제였다. 그리고 '일부一部', '일편一篇'이라고 번역해야 할 '엔 데루'라는 오란다어를 그들은 '첫 번째 헤어짐', '두 번째 헤어짐'으로 통변해, 대충 넘어가는 식이었다. 물론 의학이나 인체 구조 등을 누구 하나 제대로 아는 사람이 있을 리 없었다.

어느 통사는 《해체약도》를 보고 '게일ケール'이란 것은 인체 안에는 없다, '가루ガル'의 잘못일 것이고 의심했다. '게일'과 '가루'는 별개로, 모두 인체 내부에 있는 것들이다. 가루는 담胆(쓸개)인데, 우리는 인체에 있는 관 중 하나인 게일을 기루관奇縷管으로 번역했다. 그건 그렇다 치더라도, 우리가 간토關東에서 난학을 창업한 것이 오란다어의 본가라고 할 수 있는 나가사키 통사들의 학습 의욕을 크게 자극했으리라고 생각한다.

《해체약도》가 나온 뒤 본편인 《해체신서》도 출판됐으나, 서양에 대한 가벼운 이야기를 모은 책인 《홍모담》조차 발매 금지가 되는 시대였기 때문에 서양에 관한 내용이라면 무조건 안 되는 것일까, 그래도 막부가 교역을 허용하고 있는 오란다의 책은 그 가운데서도 특별히 허용되진 않을까? 어느 쪽일지 확실히 알 수 없었다. 따라서 《해체신서》를 세상에 내놓는 일은 그렇게 문제가 되지 않을 것이라고 안심할 수도 없었다. 혹 슬며시 이 책을 출판하면 금령을 위반하는 죄에 해당할지도 몰랐다. 이 문제가 가장 걱정이 됐다.

그러나 서양 문자를 그대로 출판하는 것이 아니다. 읽어 보면 그 내용을 알 것이며, 우리나라 의술의 새로운 길을 열기 위한 것인 만큼 상관없다고 스스로 결정을 내렸다. 무엇보다 오란다어 책 번역을 공개적으로 가장 먼저 하는 선구자가 되리라고, 혼자서 각오하고 결단을 내린 것이다. 그렇다 해도 최초의 일이고 윗분(쇼군)의 덕택이므로 외람되지만 가호를 위해 한 부만이라도 올리고 싶다고 생각했다. 그런데 다행히 번역 작업을 같이하고 있는 가쓰라가와 군의 부친인 호산 씨는 나의 오랜 친구로, 당시 막부의 고위 의관인 호겐으로 근무하고 있었다. 그와 상의했고, 그의 배려와 추천 덕분에 비공식적으로 헌상하게 됐다.

이처럼 지장 없이 마치게 된 것은 고마운 일이었다. 또한 나의 사촌 요시무라 신세키吉村辰碩가 교토에 살고 있었는데, 그의 추천으로 당시 좌대신左大臣 구죠九條가와 칸파쿠關白(조정의 최고위 대신) 고노에 주고우치사키近衛准后內前 공 그리고 유력공가公家인 히로바시廣橋가에도 한 부씩 올렸다.

그 뒤 세 집안은 출판을 축하하는 (일본 고유의 시가인) 와카和歌를 지어 보내 주셨고, 히가시노보죠東坊城가는 칠언절구를 지어 주셨다. 그리고 당시 로주들에게도 한 부씩 증정했다. 책을 보낸 어느 곳에서도 이렇다 할 문제 제기는 없었다. 그래서 겨우 안심했다. 이렇게 해서 오란다어 번역서가 처음 세상에 나오게 됐다.

20.
융성하는 난학

나의 당초 예상으로는 난학이 지금과 같이 발전해 이렇게까지 널리 전파되리라고는 생각도 하지 못했다. 나는 재주가 없는데다 선견지명도 없었기 때문일 것이다. 지금 생각해 보면 한학은 문구가 복잡해 일본어로 해석하는 데 많은 연구가 필요하다. 따라서 펴져나가는 데도 시간이 많이 걸린다. 그러나 난학은 사실을 있는 그대로 언어로 표기한 만큼 이해하기가 쉬워서 발전 속도가 빨랐기 때문일까, 혹은 한학에 의해 사람의 지식이 상당히 발달한 뒤에 난학이 나와서 이렇게 빨리 발전된 것일까? 모르겠다. 어쨌든 난학이 발전해 나간 것이 어떤 한 사람 때문은 아닐 것이다.

전술한 바 있는 다케베 세이안 씨는 나보다 스무 살이나 많은 노인으로 이상한 인연으로 편지를 주고받게 됐는데, 내 답장을 보고 참으로 기쁘다면서 자신은 나이가 들어 에도에 갈 수 없다며 아들인 료사쿠亮策를 내 문하에 보냈다. 이어 자신의 문하생이던 오쓰키 겐타쿠大槻玄澤도 에도에 보내 역시 내 문하에 들어왔다.

겐타쿠란 사람을 보자면, 무엇을 배우는 데는 자신이 실제로 보지 않으면 인정하지 않고, 마음속에 납득이 되지 않으면 말하지도, 쓰지도 않았다. 기氣가 크고 강하다고 할 수 없지만, 만사를 들떠서 하는 것을 좋아하지 않는 성격으로 오란다 학문을 공부하는 데는 더없이 적합한, 타고난 재능을 가진 사람이었다. 나는 겐타쿠의 사람됨과 재능을 사랑해서 나름대로 열심히 지도했고, 직접 료타쿠 옹에게도 부탁해 난학을 공부하게 했더니 그는 과연 정말 열심히 공부했다. 료타쿠도 그의 인물됨을 알아보고 난학의 정수를 전했다. 얼마 지나지 않아 겐타쿠는 오란다어 책을 어느 정도 이해하는 요령을 알게 됐다.

그 사이 겐타쿠는 나의 번역 동료인 나카가와 준안, 가쓰라가와 호슈 그리고 후쿠치야마福知山 번주와도 교류하며 난학을 공부했다. 또 그는 크게 발분하여 나가사키에 유학 가 오란다어 통사로부터 직접 배워 보고 싶다고 했고 나와 료타쿠는 기꺼이 허락했다. 너는 젊으니까 나가사키에 갔다 오는 게 좋겠다. 그래서 난학을 더욱 열심히 배우도록 하라, 그러면 난학에 관한 전문 지식도 발전할 것이라고 격려했다. 그래서 겐타쿠도 드디어 나가사키 유학을 결심했다. 그러나 가난한 서생인지라 자신의 힘으로는 유학 비용을 마련할 수 없었다. 나는 그의 뜻을 높이 사 무언가 힘이 되어 주어야겠다고 생각했지만 당시는 나도 형편이 어려워 얼마 도와주지 못했다. 하지만 다행히 전에 같이 난학을 공부한 후쿠치야마 번주로부터 큰 도움을 받아 유학을 갈 수 있었다.

그는 나가사키에 가서는 모토키 에이노신本木榮之進이란 통사의 집에 기숙하며 가르침을 배웠고, 여러 가지로 열심히 수행한 뒤 에도로 돌아왔다. 그 후로 그는 이치노세키 번의 허락을 받아 에도에 영주하

§
일본 난학의 개척자, 스기타 겐파쿠

게 됐다. 겐타쿠는 에도에 돌아온 뒤 이전에 자신이 정리해 놓은 난학 입문서인 《난학계제蘭學階梯》를 출판해, 동지들에게 보여 주었다. 이 책이 세상에 나온 뒤 뜻을 품은 자들은 더욱 분발해 난학을 공부하는 자들이 많아지게 됐다. 이런 사람이 나오고, 그런 책이 나오게 된 것도 나의 본뜻을 하늘이 도와준 것의 하나라고 생각한다.

이외에 나의 문하에 적을 두었던 자들 가운데, 난학을 공부하기 시작한 사람들은 많았지만 더러는 에도에 오랫동안 체류하는 것이 곤란한 경우도 있었고, 관직에 나가는 자도, 또는 생활이 어려워, 또는 병으로, 또는 일찍 죽는 등 모두가 이 학업을 이루지는 못했다. 그러나 내가 이 난학을 시작한 이래 지파, 분파가 많이 생겨났다. 안에이安永 7~8년(1778~1779)경 나가사키에서 아라이 쇼쥬로荒井庄十郎란 사람이 히라가 겐나이를 찾아왔다. 니시 젠자부로의 옛 양자로서 세이구로政九郎라고 했고, 통사 일을 하고 있었다. 우리들이 난학을 처음 시작할 때여서 그를 내 집으로 초대해 준안 등과 함께 사멘스푸라카(회화)를 배운 일도 있다. 그는 겐우치가 죽은 뒤 가쓰라가와가에 기숙하며 그 업을 도와주었고, 또 후쿠치야마 번주에게도 출입하면서 번주가 관심을 가진 지리학 관계 일을 거들었다. 번주는 지리학을 매우 좋아해 《태서도설泰西圖說》 등을 역편하기도 했다. 쇼쥬로는 그 뒤 다른 집에 양자로 들어가 모리히라 에몬森平右衛門이라고 개명했다. 이 사람도 에도에 있으면서 몇 사람을 지도했을 것이다. 지금은 죽고 없다.

21.

난학을 발전시킨 사람들

쓰야마 번津山藩(지금의 오카야마 현岡山縣)의 시의로 우다가와 겐즈이宇田川玄隨라는 사람이 있었다. 본래 한학에 조예가 깊었고, 박식한데다 기억력이 좋은 사람이었다. 난학에 뜻을 두고 겐타쿠로부터 오란다어를 배웠다. 겐타쿠의 소개로 나와 준안과도 왕래했고 가쓰라가와 군, 료타쿠와도 교제하고 있었다.

겐즈이는 후일 나가사키의 통사였던 이시이 고에몬石井恒右衛門 등에게도 드나들며 오란다어의 여러 가지를 배웠다. 원래가 수재인데다 끈기가 있어 공부가 크게 진전돼《내과찬요內科撰要》라는 18권짜리 책도 지었다. 간단한 책이지만 우리나라에서 나온 첫 번째 내과 전문 번역서다. 아깝게도 43세로 죽었다.《내과찬요》는 이 사람 사후에 전부 출판됐다.

교토에 고이시 겐슌小石元俊이란 의사가 있다. 의학 여러 분야에 열심인 사람이었다. 처음부터 아는 사람은 아니었지만《해체신서》를 읽은 뒤 오래된 중국 학설과 다른 것을 알고 의심을 품어 스스로 가끔 해부를 해보면서,《해체신서》 내용이 사실임을 알고 감심했다고 한다. 그 이후 그는《해체신서》가 발간된 것을 매우 기뻐하며 내게 편지를 보냈다. 그리고 자신이 잘 모르는 부분은 내게 물었다. 덴메이天明 5년(1785) 가을, 나는 주군님을 모시고 번으로 갔다 돌아오는 길에 교토에

§
일본 난학의 개척자, 스기타 겐파쿠

머물렀다. 그때 겐슌은 밤낮을 가리지 않고 나를 찾아와 여러 가지를 물었다. 그 뒤엔 에도에 유학을 와서 겐타쿠의 집을 중심으로 1년 가까이 있으면서 동료들과 난학에 관해 자주 토론했다. 난학에 대해 본격적으로 공부하지는 않았지만 교토로 돌아간 뒤엔 자신이 경영하는 (글방인) 주쿠塾에 다니는 생도들에게 항상 《해체신서》를 강의하면서, 그 견실한 체계를 가르쳤다고 한다. 이것이 간사이關西 지방 사람을 계발한 하나의 원인이기도 하다.

오사카에 하시모토 소기치橋本宗吉란 사람이 있다. 우산 가게의 문양을 그리는 일을 하는 사람으로 노모를 공양하며 살아가고 있었다. 배움은 없었지만 타고난 기재가 있었다. 땅을 많이 가진 상인 등이 그의 재주를 알아보고 힘을 합쳐, 에도에 보내 겐타쿠의 문하에 들어가게 했다. 단기간이었지만 열심히 난학을 공부해 그 대강을 배운 뒤 오사카에 돌아가 스스로 공부해 학업이 크게 발전했다. 그 후 의사가 됐다. 이후 더욱 난학을 주창해 문하생도 많이 늘어났고, 번역도 하고, 주변 각지 사람들을 지도해 지금도 번성하고 있다고 한다. 그가 에도에 온 것은 간세이寬政(1789-1800) 초기 무렵이다.

쓰치우라 번土浦藩(지금의 이바라키 현茨城縣)의 번사에 야마무라 사이스케山村才助라는 기인이 있었다. 그는 숙부의 소개로, 난학을 배우기 위해 내게 왔다. 나는 그때 나이가 들어 난학에 관해서는 전부 겐타쿠에게 맡기고 있었다. 겐타쿠는 그에게 오란다 문자 스물다섯 자부터 가르쳤다. 타고난 학재가 있고, 특히 지리학을 좋아해 오로지 그쪽 방면으로 공부했다. 아라이 하쿠세키新井白石 선생의《채람이언采覽異言》을 증역중정增譯重訂해서 열세 권의 책으로 출간했다. 이 책은 시바노 리츠잔柴野栗山 선생의 추천으로 윗분(쇼군)에게도 헌상했다. 그 이외 번역의 내명內命도 받고 있었으나 완성하지 못한 채 일찍 죽었다. 안타까운 일이다. 만국 지리의 여러설은 중국 사람들도 아직 모르는 부분이 많다. 이것은 난학이 지리 방면에까지 관심을 넓혀간 최초의 일이다.

이시이 고에몬石井恒右衛門은 본래 나가사키의 통사로서 원래 이름은 바다 세이키치馬田淸吉였다. 그는 가업을 다른 사람에게 물려주고 에도로 와 덴메이天明(1781~1789) 중반경 시라카와 번白河藩(지금의 후쿠시마 현福島縣)의 번주를 모시게 됐다. 번주는 이시이의 예전 직업을 알게 된 뒤 도도네우스란 사람이 지은 본초를 그에게 일본어로 번역시켜 10여 권 분량이 되었다. 그러나 이시이는 책을 완성하지 못한 채 죽고 말았다. 이나무라 산파쿠稻村三伯가 만든 오란다어 사전인《하르마》는 전적으로 이시이 씨의 힘에 의한 것이다. 이 사전은 요즘은 난학을 처음 시작하는 사람들에게 참고서로서 도움이 된다고 들었다. 이시이 씨는 본래 통사 직업을 가진 사람으로 관직에 나아가기 위해 에도에 온 것은 아니었다. 난학이 이처럼 한참 흥하던 시기에 왔기 때문에, 난학의 길에 상당한 도움을 주었다.

이나무라는 인슈 번因州藩(지금의 돗토리 현鳥取縣)의 시의였는데 고향에서 우연히 난학 입문서인《난학계제》를 보고 난학에 뜻을 세워 에도에 온 사람이다. 그는 오쓰키 겐타쿠의 문하에 들어가 난학을 배웠다.

§
일본 난학의 개척자, 스기타 겐파쿠

그 뒤 하르마라는 사람이 만든 오란다어 사전을 이시이 씨로 하여금 번역시켜 13권짜리 방대한 오란다어 사전, 소위 《에도 하르마》를 만들었다. 처음 겐타쿠가 그를 이시이에게 소개하고 오란다어 원서도 빌려 주곤 했다 한다. 그 초고는 우다가와 겐즈이宇田川玄隨, 오카다 호세쓰岡田甫說가 힘을 보태, 때때로 이시이를 찾아가 완성했다고 한다. 정정 작업을 할 때는 그 이외 다른 사람도 힘을 보탰다는 이야기를 들었다. 그 뒤 사정이 있어 번주의 곁을 떠나 시모우사 국下總國(지금의 지바 현千葉縣) 우나가미 군海上郡 근처에서 지내다가 이름을 우나가미 즈이오海上隨鷗으로 바꾼 뒤 교토로 가서 오로지 난학 보급에 힘썼다고 한다. 지금은 이 사람도 죽었다고 들었다. 생각건대 사전 만들기를 시도한 것은 초학자를 위한 커다란 공적이라고 해도 좋을 것이다.

가쓰라가와 호슈가에 대해서는 앞에서 언급한 대로다. 호슈 군은 발군의 준재이므로 오란다에 관한 일이라면 대부분 알고 있고, 그 명성도 사방에 널리 알려졌다. 그래서 난학 사업에 대한 취지를 윗분(쇼군)도 아시게 되어 가끔 서양에 대한 일이라면 그것을 일본어로 번역하라는 명을 받았다고 한다. 그 원고는 가쓰라가와가에 있을 것이다. 《화란낙서和蘭樂書》, 《해상비요방海上備要方》이라는 저서도 있는 것으로 들었지만 완성된 책은 나오지 않았다. 60세가 되기 전에 죽었다.

22.

후계자 겐타쿠와 겐신

우다가와 겐신宇田川玄眞은 교토에서 태어났고 처음 성은 야스오카安岡였다. 에도에 온 뒤 오카다岡田라는 성으로 바꾸었고 앞서 말한 우다가와 겐즈이의 문하에 들어가 한학을 배웠다. 그런데 겐즈이는 겐신의 재주가 비상한 것을 알고 그를 난학으로 인도하기 위해 오쓰키 겐타쿠에게도 이 사람에 대한 이야기를 한 적이 있다고 한다.

그런데 겐즈이가 주군님을 모시고 고향으로 돌아간 때였을까, 겐신은 양자의 연을 끊고 본래 성인 야스오카로 돌아갔다. 이때 스승인 겐즈이의 소개로 처음 겐타쿠의 문하에 들어가 난학을 배우고 싶다고 했다. 오란다 문자를 쓰는 방법은 겐즈이로부터 배워 알고 있는 것 같았기에 작은 오란다어 번역서를 구해 이를 복사시켜 오란다어 책을 읽게 했다고 한다. 그는 매일 와서 공부했고, 겐타쿠의 집에서 기숙시켜 달라고 부탁했다. 그러나 무언가 사정이 있어 잠시 미네 슌타이에게 부탁했다. 그러나 미네는 당시 와병 중이었고, 점점 악화돼 결국 죽었다.

그래서 겐타쿠는 가쓰라가와 호슈 군에게 겐신을 맡아달라고 부탁했다. 이 사람은 난학에 열심이나 몸을 맡길 데가 없어 곤혹스러운 입장인 만큼 맡아 주면 당신의 업에 도움을 줄 수도 있을 것이라고 말했다. 그러자 호슈 군은 곧 겐신을 받아 주었고, 그래서 그는 가쓰라가와

주쿠에 들어가게 됐다. 그렇지만 겐신은 겐타쿠의 집에도 때때로 드나들며 오란다어 번역에 대해 물어보곤 했다. 본래 이 사람은 오란다 학설의 실제성에 크게 이끌려 자신은 더 이상 바라는 것이 없다, 마음껏 난학을 공부할 수 있다면 어디라도 가리지 않고 기숙하고 싶다고 했다. 그래서 가쓰라가와가에 부탁했던 것이다. 그런데 그때 가쓰라가와가는 의관으로서의 일과 의업이 바빠서 겐신이 본래 원하는 일을 달성하기가 어려울 것이라고, 가끔 겐타쿠에게 말했다. 어느 날 겐타쿠가 이 일을 내게 말했다.

나는 그때 본업인 의술 일이 바빠서 조금도 여유가 없어 난학에 관한 일을 할 틈이 없는 몸이었다. 그러나 나는 난학의 길에 뜻을 깊이 간직하고 있었기 때문에 더욱 더 이 길을 열고 싶다는 희망을 간직하고 있었다.《해체신서》 완성 후에도 하이스터의 외과서 번역에 손대〈금창金瘡〉,〈창양瘡瘍〉 등은 수권 분량의 원고가 돼 있었다.

하지만 그 무렵 자주 몸이 아팠는데, 주위 사람들이 난학을 너무 열심히 공부한 데 대한 응보이니 조금 쉬는 게 좋지 않겠느냐고 권했다. 겐타쿠 등도 이제는 다만 느긋하게 노후의 양생을 하는 것이 좋겠다, 의료 일도 비록 불민하지만 자신이 대신 맡겠다고 했다. 나도 점점 나이를 먹어 늙어 가고 있고, 길게 대사업을 완성할 힘도 없었다. 그러나 지금도 비록 중단한 채 있지만, 원래의 뜻을 버리지는 않고 있다.

그래서 수년 동안 내가 접한 오란다어 책은 아무리 비싸더라도 나의 재력이 허용하는 한 가격을 따지지 않고 구입해 상당한 장서를 모았다.

난학을 전문으로 공부해 보고 싶다는 뜻을 세운 사람들은 아무리 뜻이 있어도 책이 부족하면 사업을 완성할 수 없다고 생각했다. 나 자신이 읽을 시간은 없다 해도 문하생은 물론 뜻이 있는 사람들에게 빌려 주어도 이 길을 넓히는 데 도움이 된다고 생각해, 많은 책을 모은 것이다.

또한 이 길을 같이하려는 깊은 뜻을 가진 젊은 사람을 찾아 여식과 결혼시켜 양자로 삼아 이 업을 이루도록 하는 것이, 의도醫道에서 아직 개척하지 못한 부분과 부족한 부분을 보완해 사람들의 병을 널리 고쳐 주는 길이라고 항상 생각했다. 나는 다행히 겐신이 옆에 있는 것을 기뻐하며 그를 불러 마음가짐을 물어보니 그가 생각하고 있는 것이 겐타쿠가 나에게 말한 것과 다르지 않았다.

그래서 나는 겐신을 우리 집으로 받아들여 부자의 연을 맺었다. 겐신도 자신이 바라는 바가 이루어졌기에 무척 기뻐하며 내 장서를 자유로이 이용하며 밤낮을 가리지 않고 공부했다. 그는 곧잘 밤을 새우며 공부하기도 했다. 그의 정력이 이와 같았기 때문에 진보도 빨랐고 그 실적도 이전의 배가 됐다. 나의 기쁨이 어땠는지는 상상되리라고 생각한다.

이같은 상황이었고, 당시 겐신은 젊어서 공부도 열심히 했지만 아직 감정의 기복이 심한, 한창 혈기왕성한 때여서 몸가짐에 문제가 있었다. 나도 가끔 충고했지만 쉽사리 고쳐지지 않았다. 그 때문에 그가 뛰어난 재능을 가진 것은 알고 있었지만 이대로 놔두었다가는 무슨 일을 벌여 주군님의 이름을 더럽힐지도 모른다고 생각했다. 늙은 나는 매일 이를 걱정했다. 어쩔 수 없이 부자의 연을 끊었고, 그 후 오랫동안

§
일본 난학의 개척자, 스기타 겐파쿠

절교했다.

그래서 난학을 공부하는 사람들도 겐신과 교제하지 않으려 했고, 그는 의지할 곳이 없게 돼 아주 곤궁한 신세가 됐다. 그러나 좋아하는 난학 공부는 열심히 계속했다. 이를 기특히 생각한 이나무라 산파쿠 같은 사람들이 은밀히 그에게 얼마의 돈을 주었다고 한다. 이 무렵 이나무라는 앞서 말한 적 있는 다케베 세이안의 5남이자 내 양자로 입적한 하쿠겐과 조용히 상의해 내 장서 중 내과서 한두 권을 빌려주며 번역하게 해 겐신의 생계를 도와주었다는 이야기를 나중에 들었다. 그러는 사이 겐신도 반성하여 뜻을 다시 새롭게 했다고 들었다. 이때 이나무라가 기획하고 있던 오란다어 사전《하르마》를 겐신이 도와주어 완성을 보게 된 것이다.

2~3년 지나 우다가와 겐즈이가 병으로 죽었다. 대를 이을 자식이 없어서 사방으로 양자를 구했다. 이때 이나무라 씨가 중간에 서서 겐신에게 우다가와 집안을 이어받도록 했다. 겐신과 겐즈이는 앞서 말했듯, 특별한 인연도 있어 겐즈이는 이 세상에 없지만 그의 뒤를 이을 뿐 아니라 겐신은 자신이 뜻하는 일도 하게 된 셈이라고 할 수 있다.

겐신은 이후 더욱 정진해 많은 역서를 냈고,《의범제강醫範提綱》이란 해부학서도 내는 등 일가를 이뤘다. 이처럼 겐신은 그 행동거지를 고쳤고 뜻도 확실히 세운데다 우다가와란 성도 이어받았다. 그런 만큼 이나무라 산파쿠와 오쓰키 겐타쿠 등은 내게 그를 용서하고 교제를 허락해 주는 것이 어떠냐고 했다. 나는 그렇다면 더 이상 그를 멀리할 마음을 가질 필요가 없다고 생각해 출입을 허용했다. 그래서 전과 같이 가까이 지내게 됐는데, 겐신은 나를 선생이나 아버지 대하듯 하였다. 나도 그를 자식처럼 생각해 예전과 같은 부자관계로 돌아왔다.

23.
막부로부터의 번역 지시

난학자로서 오쓰키 겐타쿠의 명성은 이미 널리 알려져 있었지만 근래 (분카文化 8년, 1811) 새롭게 막부에서 보관하고 있는 오란다어 책을 번역하라는 명을 받았다. 예전 우리가 우연히 시작한 사업이, 우리가 살아 있는 동안 이같이 명예로운 엄명까지 받게 된 것은 참으로 고마운 일이 아닐 수 없다. 나의 오랜 바람이 이뤄진 것이라 하겠다.

어떻게 해서라도 사람의 생명을 널리 구하고 싶다는 일념에서 어느 누구 하나 손을 댈 엄두를 못 내던 어려운 사업을 시작해 고심하던 창업의 공은 결코 헛되지 않았다. 겐타쿠에 이어 겐신도 막부로부터 같은 명을 받게 되었다. 참으로 감격스러운 일이 아닐 수 없다.

두 사람은 내가 지도해 온 제자들로, 이처럼 훌륭한 일에 이 늙은 이는 하늘에 감사할 따름이었다. 이보다 더한 일이 어디 있겠는가. 내가 이 나이의 노인이 될 때까지 살게 해 준 하늘에 감사하고, 이전 '저 세상'이란 별명을 들을 정도였던 몸이 지금까지 살면서 난학의 완성을 보게 된 것은 하늘의 끝없는 은혜. 참으로 감사할 따름이다.

이 밖에 겐타구, 겐즈이, 겐신의 문하생으로 (스승이나 선배를 능가하는) 출람出藍이라 불릴 사람들도 많이 있다고 들었다. 그러나 이 사람들은 나에게는 손자뻘에 해당되기에 자세히는 모른다. 아마도 교토, 에도, 오사카를 비롯해 전국 각 번주의 땅에 흩어져 있는 사람도 많을 것이다.

예전 나가사키에서 통사 니시 젠자부로는 마린의 사전을 전부 번역해 보려고 기획했으나 조금 손을 댔을 뿐 완성하지 못했다고 들었다.

메이와明和(1764~1772), 안에이安永(1772~1781) 무렵이었을까, 나가사키의 통사 모토키 에이노신本木榮之進이란 사람이 천문역설을 한두 개 번역했다고 한다. 그 이외엔 들은 바가 없다. 이 사람의 제자 중 시즈키 쥬지로志築忠次郎란 통사가 있었다. 이 사람은 본래 몸이 약한 사람이어서 일찍 통사를 그만두고 독학으로 오란다어를 배워, 오란다 문학을 연구했다고 한다. 이 사람의 문하에서 오란다어를 배운 제자 중 에도에 올라와 오란다어를 가르친 사람도 있다. 쥬지로라는 사람은 우리나라에서 통사라는 말이 생긴 이래, 가장 통변을 잘하는 사람이었을 것이라고 한다. 그런데 이 사람이 만약 은퇴하지 않고 그 직에 있었다면, 오히려 지금과 같이 되지 않았을지도 모른다. 또는 에도에서 우리 동료들이 선생도 없이 오란다 책을 번역하는 일을 시작했기 때문에, 이 사람이 자극을 받아 발분한 결과라고도 생각한다.

24.
한 방울의 기름

한 방울의 기름을 넓은 못에 떨어뜨리면 차츰차츰 못 전체로 퍼져 나간다. 그와 같이 맨 처음 마에노 료타쿠, 나카가와 준안 그리고 나, 이렇게 셋이 뜻을 모아 한번 해보자고 한 것이 벌써 50년 가까이 된 지금, 이 학문은 전국 여기저기로 퍼져 나가 매년 번역서가 나오고 있다고 들었다. 이것은 한 마리의 개가 짖으면 사방의 개가 허공을 향해 따라 짖는 것과 비슷한 이치로, 그 안에는 좋은 것도 있고 나쁜 것도 있으나, 그것은 잠시 동안의 문제일 뿐이다. 이렇게 오래 살고 있는 덕분에, 지금과 같이 난학이 발전한 모습을 보고 듣게 돼 기쁘기도 하고 놀랍기도 하다. 지금 이 업을 주장하는 사람들 가운데는 현재까지의 여러 사정을 듣고, 전할 때 오류가 많다고 생각해 이야기의 전후는 여러 갈래지만, 내가 기억하고 있는 옛이야기를 이같이 쓴 것이다.

25.
맺는말

아무리 생각해도 나는 기쁘다. 이 길이 더욱 열리면 백년 천년 뒤의 의사가 본래의 의술을 몸에 익혀 인명을 구하는, 큰 이익을 얻을 것으로 생각하면 가만히 앉아 있을 수 없을 정도로 기쁘다. 물론 내가 다행히

§

오래 살아 이 학문이 열리는 처음부터 오늘처럼 번성하는 모습을 내 눈으로 볼 수 있는 것을, 다만 나의 행운 때문이라고 말해서는 안 된다.

돌이켜 보면 사실은 국내의 평화 덕분이다. 아무리 학문에 열심인 사람이 있어도 세상이 전란에 휩싸여 싸우는 와중이라면 어떻게 이 사업을 시작해 이런 발전을 이룰 수 있었겠는가? 황송하게도 올해 분카文化 12년(1815)은 닛코日光 후타라 산二荒山에 모신 오미카미大御神 이에야스家康 공 서거 200주기에 해당된다. 공이 천하를 통일해 이 나라에 오랜 기간 평화를 주셨다. 그 깊고 넓은 은혜가 나같이 나라 한 구석에 살고 있는 자에게까지 내려왔기 때문에, 나와 난학의 오늘이 있는 것이다. 공의 신덕神德의 양광陽光이 이 나라의 모든 곳에 내리쬐고 있는 덕분이다. 마음으로부터 깊이 감사드리는 바이다.

나는 점점 더 늙어 가고 있기 때문에 이제부터는 더 이상 이처럼 긴 글을 쓸 수 없다고 생각한다. 이 세상에 살고 있는 동안 쓰는 절필이라 생각하고 글을 써 왔다.

83세 구행옹九幸翁,
생각나는 대로 쓰다

《해체신서》 해부도

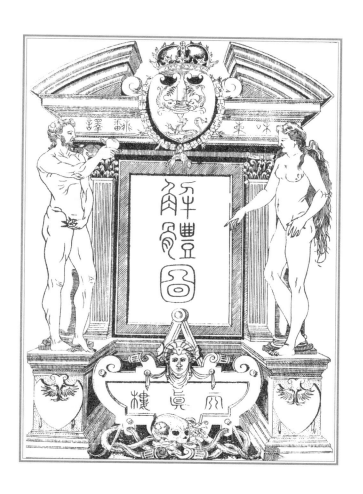

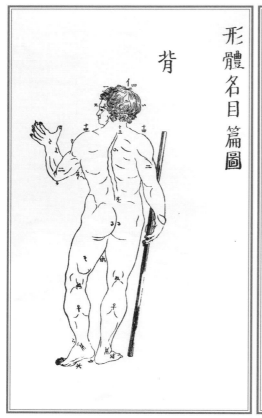

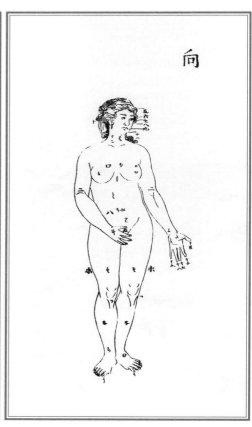

形體名目篇圖

背

向

§

일본 난학의 개척자, 스기타 겐파쿠

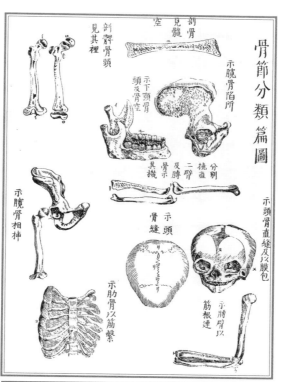

骨節分類篇圖

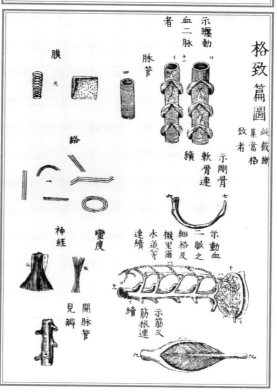

格致篇圖

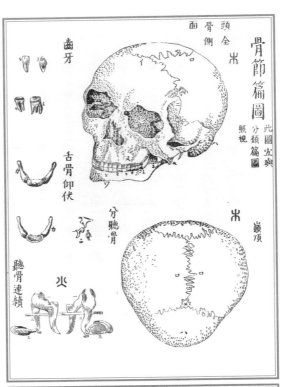

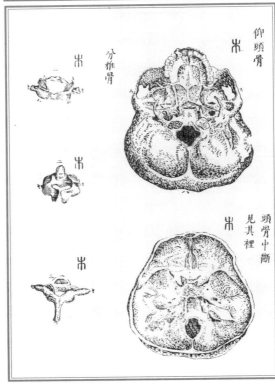

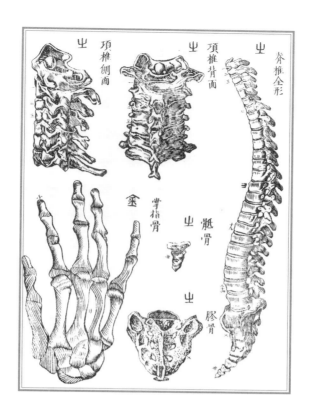

脊椎全形

項椎背面

項椎側面

掌指骨

骶骨

膝骨

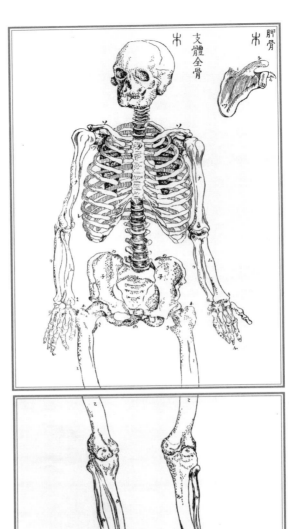

胛骨　米　支體全骨　米

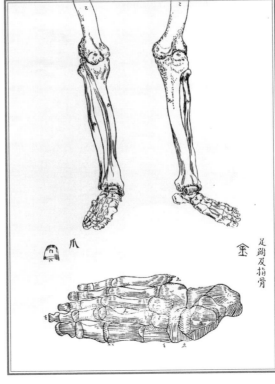

爪　足蹠及指骨　金

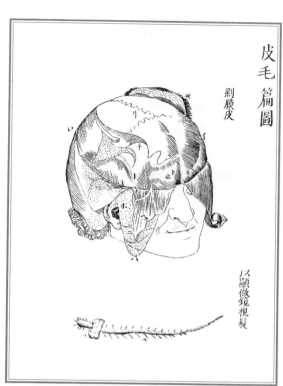

皮毛篇圖

剥膜皮

以顯微鏡視髮

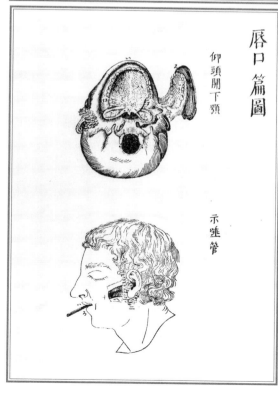

脣口篇圖

仰頭開下頷

示唾管

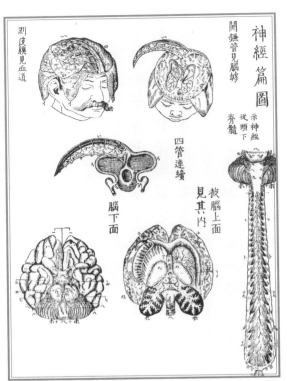

神經篇圖

開鎌管見腦髓

剝皮膜見血道

示神經
從頸下
脊髓

四管連續

被腦上面
見其內

腦下面

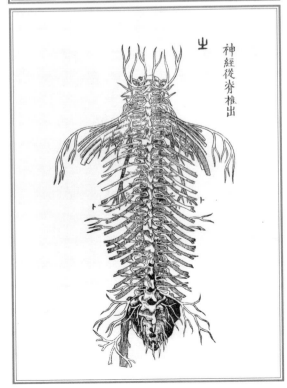

止

神經從脊椎出

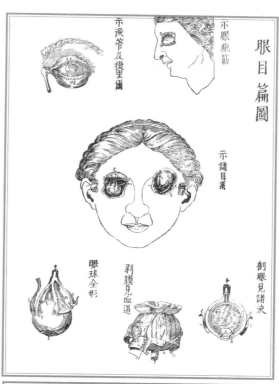

示眼胞筋

示淚管及撥里兩

眼目篇圖

示諸目系

眼球全形

剝膜見血道

剖眼見諸液

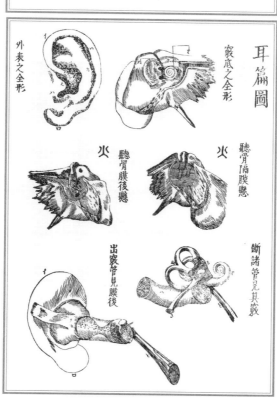

外表之全形

竅底之全形

耳篇圖

聽骨隔膜懸

聽骨膜後懸

斷諸管見其竅

出竅管見膜後

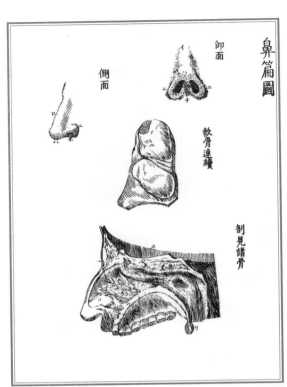

鼻篇圖

仰面

側面

軟骨連續

剖見諸骨

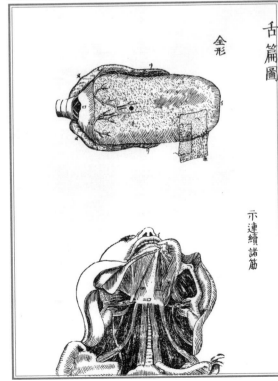

舌篇圖

全形

示連續諸筋

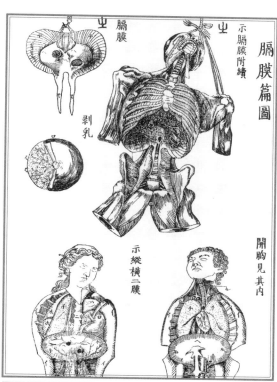

膈膜篇圖

示膈膜附續

膈膜

剝乳

示縱橫二膜

開胸見其內

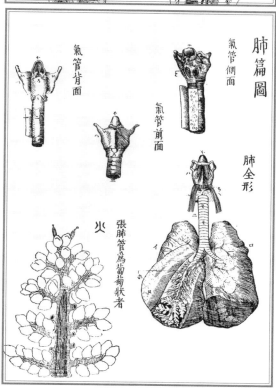

肺篇圖

氣管側面

氣管背面

氣管前面

肺全形

張肺管爲葡萄狀者

火

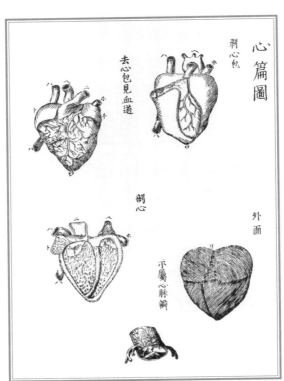

心篇圖

剥心包

去心包見血道

八

ホ

八

二

ホ

チ

ト

ホ

剥心

八 二

ホ ト

外面

不屬心脉辨

リ

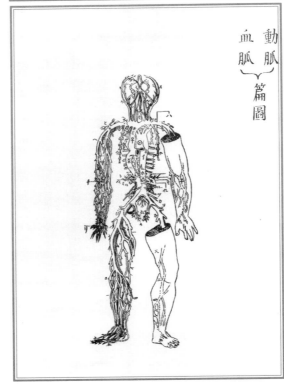

動脉
血脉 篇圖

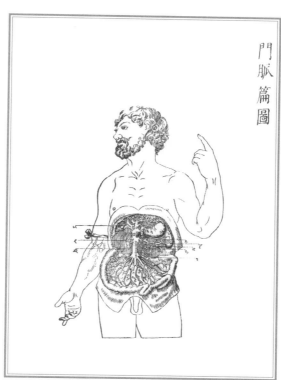

門脈篇圖

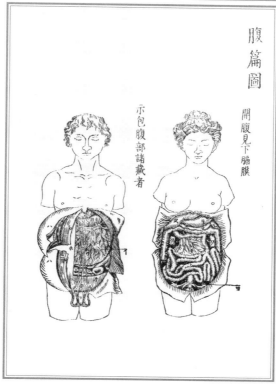

腹篇圖

開腹見下膈膜

示包腹部諸藏者

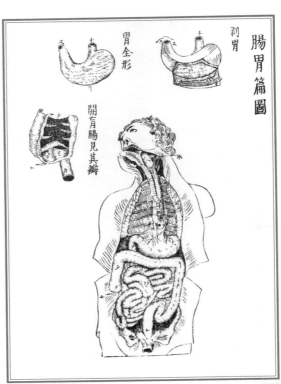

腸胃篇圖

剝胃

胃全形

開盲腸見其瓣

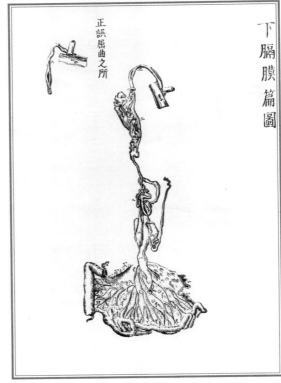

下膈膜篇圖

正誤屈曲之所

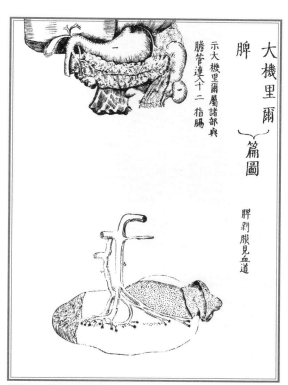

大機里爾篇圖

脾〕

示大機里爾屬諸部與膽管連入十二指腸

脾剝膜見血道

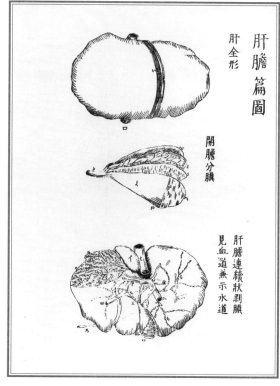

肝膽篇圖

肝全形

開膽分膜

肝膽連續狀剝膜
見血道兼示水道

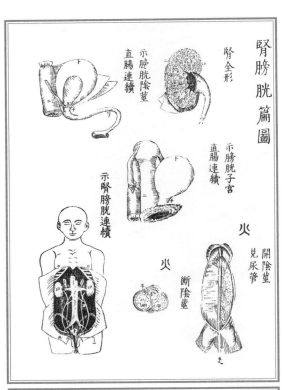

腎膀胱篇圖

腎全形

示膀胱陰莖
直腸連續

示膀胱子宮
直腸連續

示腎膀胱連續

開陰莖
見尿管

斷陰莖

火

火

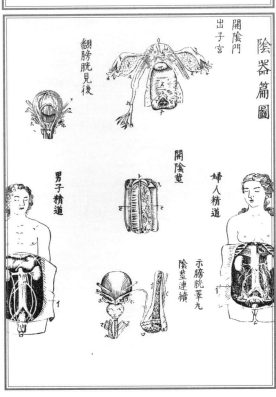

陰器篇圖

開陰門
出子宮

翻膀胱見後

男子精道

開陰莖

婦人精道

示膀胱睾丸
陰莖連續

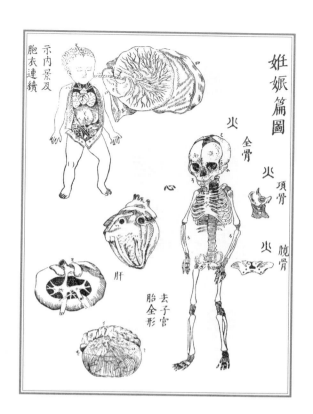

姙娠篇圖

示内景及
胞衣連續

尖
全骨

尖
項骨

心

尖
愴骨

肝

去子宮
胎全形

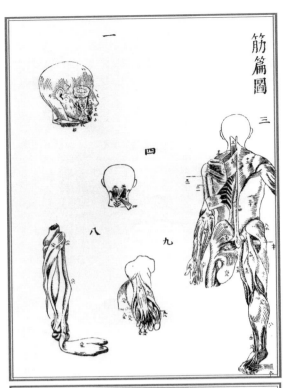

筋篇圖

一
三
四
八
九

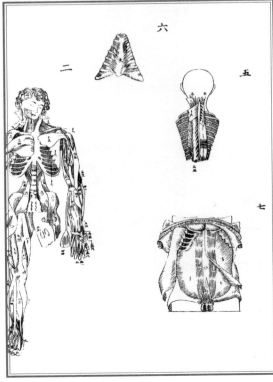

六
二
五
七

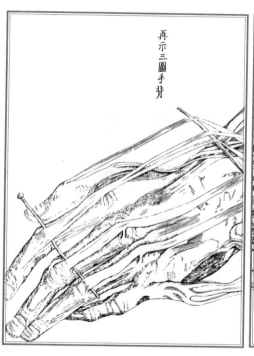

再示三圖手背

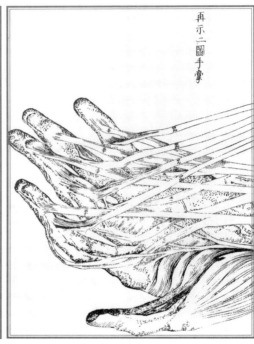

278

§

일본 난학의 개척자, 스기타 겐파쿠

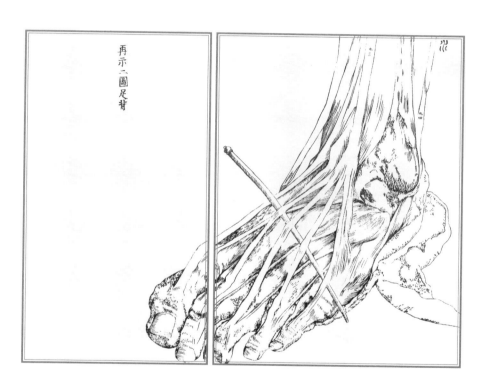

再示二圖足背

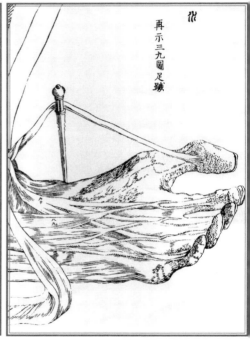

再示三九圖足蹠

§
일본 난학의 개척자, 스기타 겐파쿠